Manicure and Pedicure Coloring and Activity Book

By: Shanti M

www.detroitnailstudio.com

Front and back cover design by Shanti M
Book Design by Shanti M
Illustrations by Shanti M
Edited by Shanti M

ISBN: 979-8-218-03847-2 (Paperback)

Printed in the United States of America

First print 2022

Shanti M.
Shanti@detroitnailstudio.com
www.detroitnailstudio.com

**This book is dedicated in loving memory of
Charles Mathis Jr. and Elaine W. Reed**

*I did it daddy,
~Love Snuga*

*Auntie,
I didn't get a chance to
show this but look at what
your Toot made :)*

*You have to know where you come from in
order to get to where you are going.*

Ma, thank you for encouraging me and helping with ideas for creating my (our) first book! ;*

Ja, thank you for checking things once and checking things twice ;)

Holly, thank you being my ear :)

-and special thanks to all those who supported me in the process ;^

I love you all

man·i·cur·ist

/ˈmanəˌkyʊorəst/

---

1. a person who gives manicures professionally.

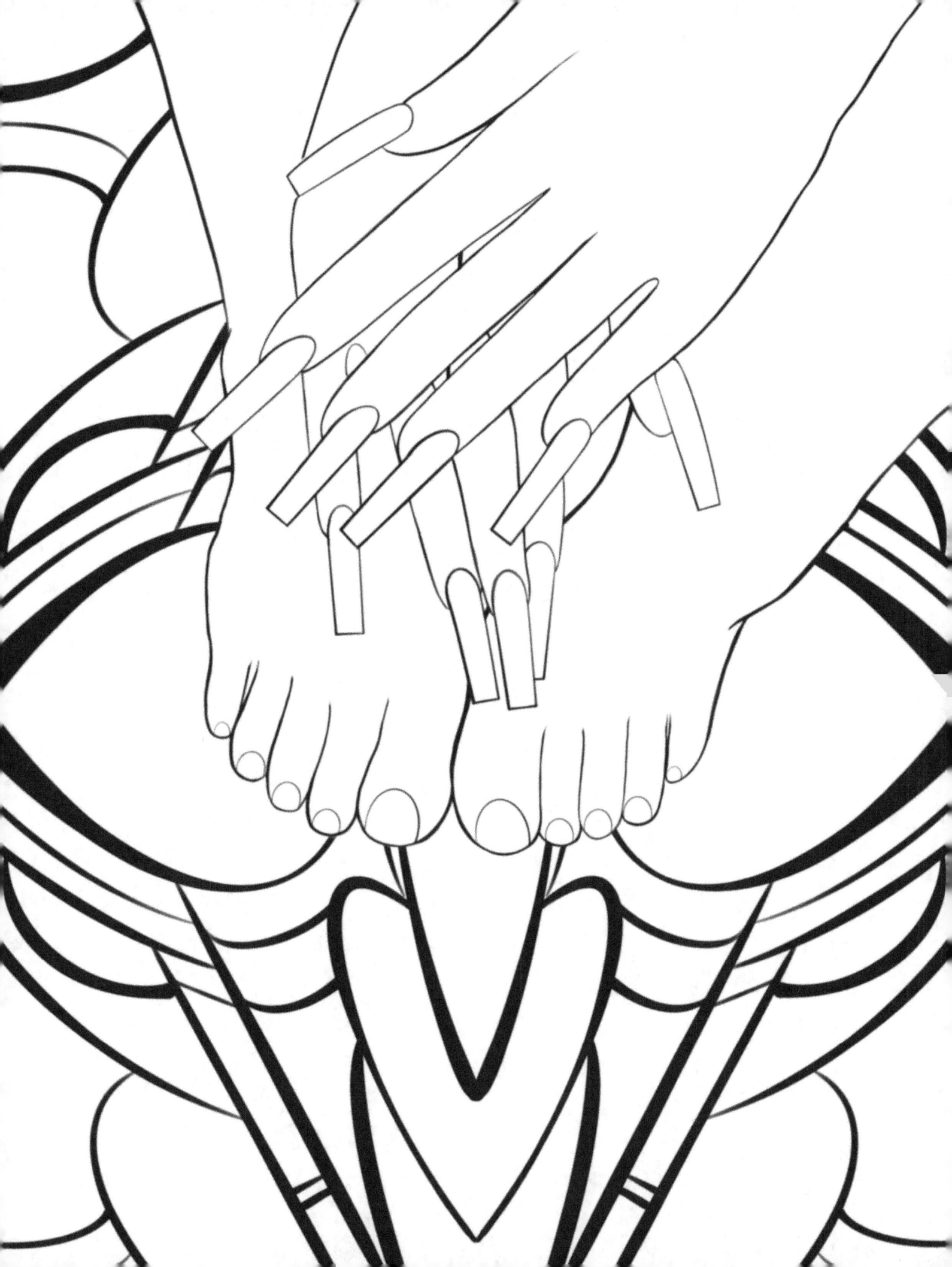

WORDS AROUND THE NAIL SALON

Words can be found, forward, backward or diagonal

SEARCH FOR THE WORDS LISTED BELOW

R	R	N	B	A	S	E	C	O	A	T	S	O	R	Y	X	W	S	E	C
D	M	E	J	S	V	A	A	H	G	T	E	K	B	U	H	M	N	Q	C
F	C	P	A	X	B	P	Y	D	J	E	N	P	H	G	M	V	O	I	G
O	J	L	B	L	A	F	N	J	D	C	O	V	N	Z	A	X	N	R	B
R	D	Q	V	O	I	L	D	S	V	C	T	L	E	D	N	W	F	J	I
E	T	W	S	I	Q	S	U	S	H	R	S	X	N	A	I	L	A	R	T
Y	U	N	A	I	L	F	I	L	E	E	E	M	O	A	A	W	C	C	G
G	F	L	Q	B	Y	T	D	I	D	C	N	Y	H	T	V	E	T	I	R
N	V	F	G	X	I	I	O	S	C	M	I	M	S	U	J	M	I	E	A
L	D	Y	J	R	W	D	X	P	G	F	H	Q	P	H	M	U	O	C	P
A	Q	C	R	K	C	N	E	I	C	L	R	L	O	F	J	O	R	O	H
N	C	L	E	W	S	T	L	J	S	O	M	C	B	T	G	Y	R	R	R
G	E	P	F	I	F	I	R	L	X	Z	A	Y	T	D	L	L	Q	Y	O
U	Z	R	F	Q	D	P	O	A	V	H	J	T	X	I	L	U	M	B	D
A	A	I	U	U	N	C	R	R	V	E	J	J	C	O	O	H	D	O	O
G	N	M	B	U	C	U	K	I	D	R	Y	E	R	Z	Y	N	E	A	T
E	V	E	X	R	Z	T	A	Z	V	S	Y	C	T	X	W	W	D	R	T
K	P	R	N	R	O	T	A	N	C	E	Q	W	K	Y	R	V	R	D	E
T	I	P	S	T	G	E	L	I	O	E	L	C	I	T	U	C	B	N	R
X	Y	B	S	T	N	R	H	U	O	H	O	I	N	O	R	F	W	F	G

NAIL FILE	PRIMER	BUFFER
ACRYLIC	NAIL ART	TIPS
CUTICLE OIL	GLUE	BASE COAT
SOAP	TIP CUTTER	RHINESTONES
TOP COAT	DRYER	DOTTER

2

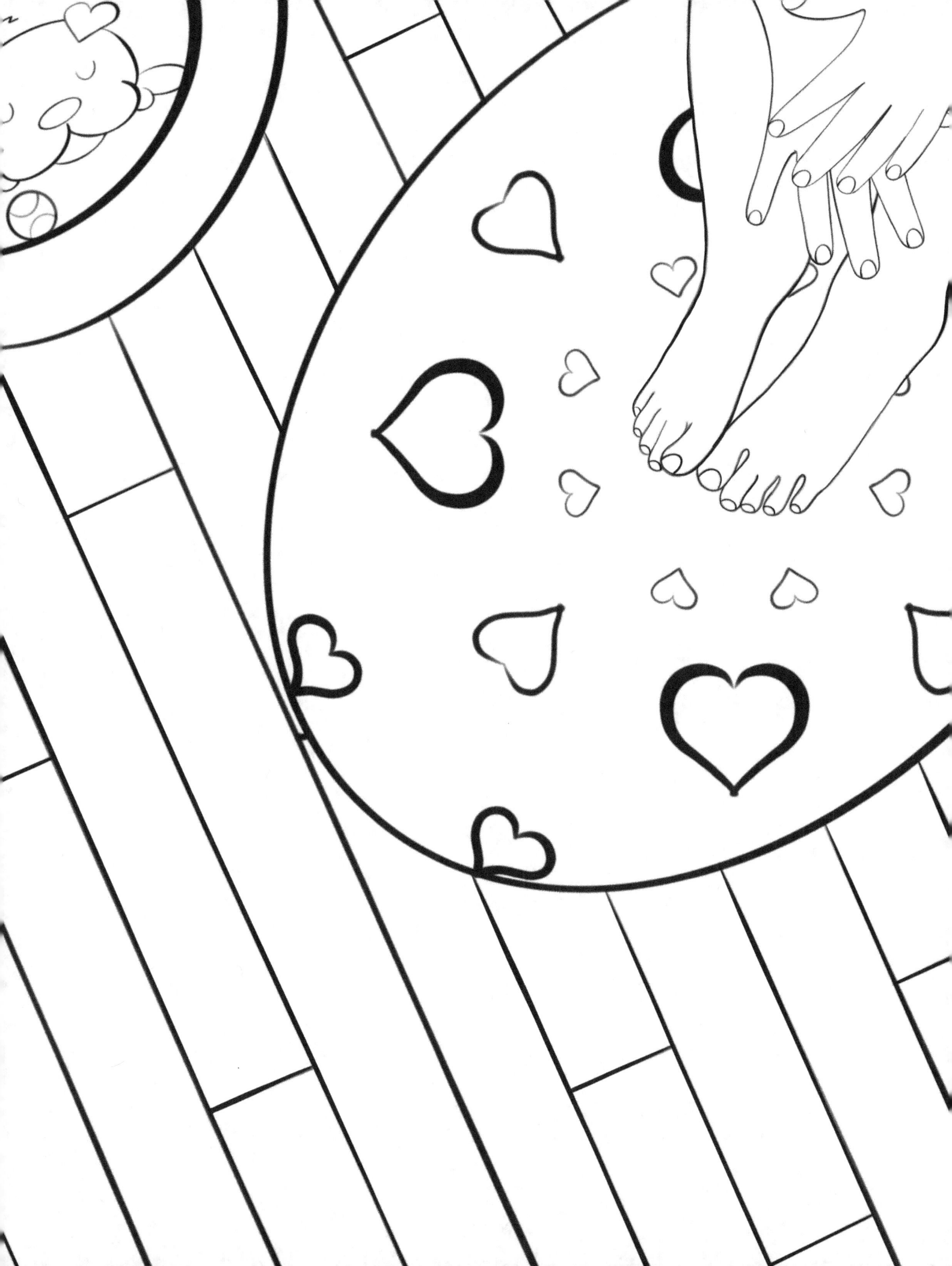

WORD UNSCRAMBLE

Rearrange the following letters to create the correct words. The answer key is located at the back of the book.

IHV=

ECRVIUID=

DAERMTISTI=

CAMTONAINTE=

TEOPRTCION=

VOSLENT=

TROAEVPAE=

VETLTIAION=

4

NAIL SALON QUIZ

Do you know about nail disorders, manicure equipment and nail anatomy? Choose the best answer for each question. The answer key is located at the back of the book.

What is an Apex

a. The highest point in the middle of the nail plate
b. The tip of the nail
c. A medical condition
d. A muscle

Alcohol disinfects salon tools and surfaces

a. True
b. False

What is tinea pedis

a. Pedicure
b. Foot massage
c. Bone in the foot
d. Athletes foot

What is dermatitis

a. Inflammation of the skin
b. Nail discoloration
c. Bone loss
d. A Solvent

What is virucide

a. A virus
b. Nail condition
c. Skin infection
d. Disinfectant

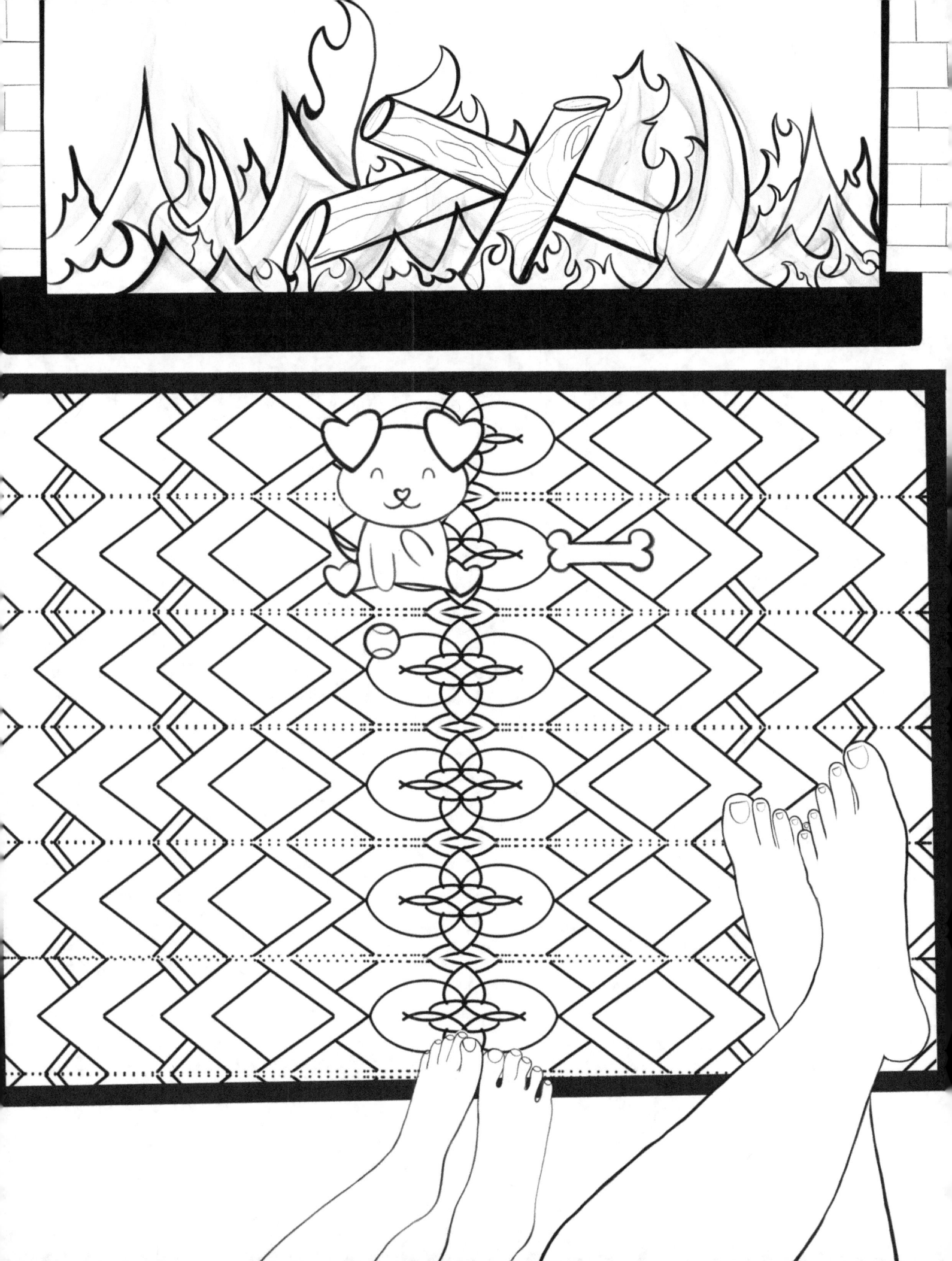

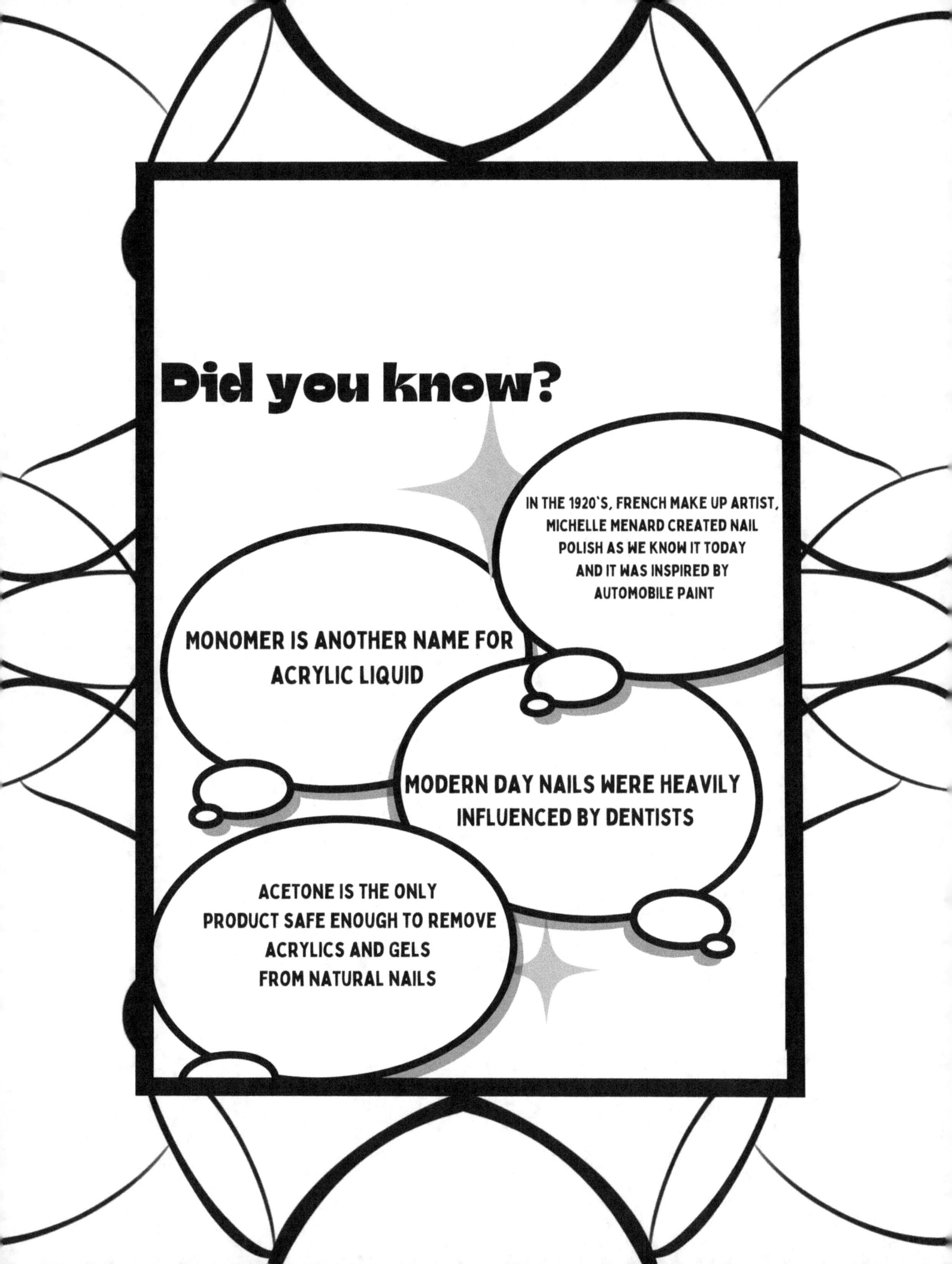

WORDS AROUND THE NAIL SALON

Words can be found, forward, backward or diagonal

SEARCH FOR THE WORDS LISTED BELOW

D	E	R	M	A	T	I	T	I	S	E	X	S	I	S	X	W	M	E	V
A	M	E	J	S	U	A	A	H	G	T	E	K	B	U	H	M	E	Q	E
S	O	H	S	I	D	N	E	P	P	A	D	P	H	I	M	V	T	I	N
T	N	S	B	L	E	C	H	E	M	I	C	A	L	Z	A	X	A	R	T
M	Y	L	T	O	R	L	D	S	V	R	E	B	A	L	A	N	C	E	I
S	C	A	N	I	U	S	U	E	H	R	O	X	U	A	I	L	A	R	L
D	H	P	E	I	S	F	I	D	E	P	E	G	O	A	A	M	R	C	A
S	O	R	V	B	Y	T	D	I	S	C	N	Y	H	L	V	U	S	I	T
E	M	A	L	X	I	I	O	C	C	O	R	M	E	U	J	I	A	E	I
M	Y	C	O	R	W	D	E	U	L	F	E	B	A	H	M	H	L	C	O
I	C	A	S	K	C	N	E	R	C	L	A	L	D	F	J	C	S	O	N
U	O	T	E	W	O	T	U	I	S	L	L	C	D	T	G	Y	R	T	O
S	S	E	F	P	F	E	R	V	E	Z	E	Y	U	D	L	N	N	Y	N
C	O	N	T	A	M	I	N	A	T	E	X	T	C	I	L	E	M	B	R
A	S	O	U	O	N	C	R	R	A	E	O	J	T	A	M	I	D	B	E
G	N	N	O	I	T	C	E	T	O	R	P	E	O	E	Y	R	E	L	M
E	V	E	X	R	Z	T	A	Z	Y	S	O	C	L	X	W	E	D	O	Y
K	P	R	N	R	O	T	A	N	C	E	G	P	K	Y	R	P	R	O	L
A	U	T	O	C	L	A	V	E	A	E	M	C	Z	T	U	C	B	D	O
T	I	B	I	A	L	I	S	P	O	I	E	T	A	R	O	P	A	V	E

AUTO CLAVE	CONTAMINATE	PROTECTION
VIRUCIDE	MSDS	LABEL
IMPLEMENT	SOLVENT	CHEMICAL
DERMATITIS	DAPPEN DISH	EVAPORATE
REBALANCE	VENTILATION	BLOOD

8

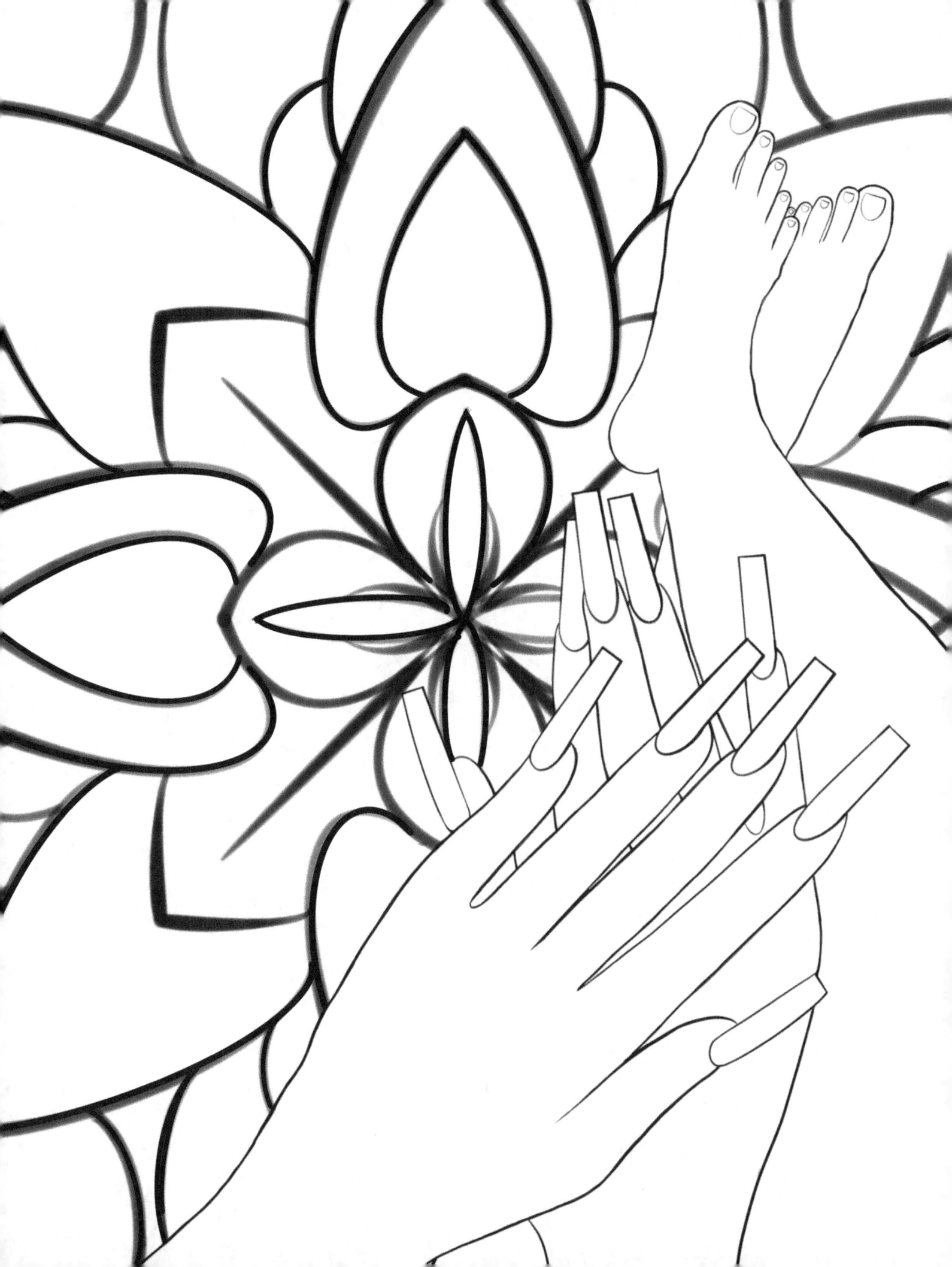

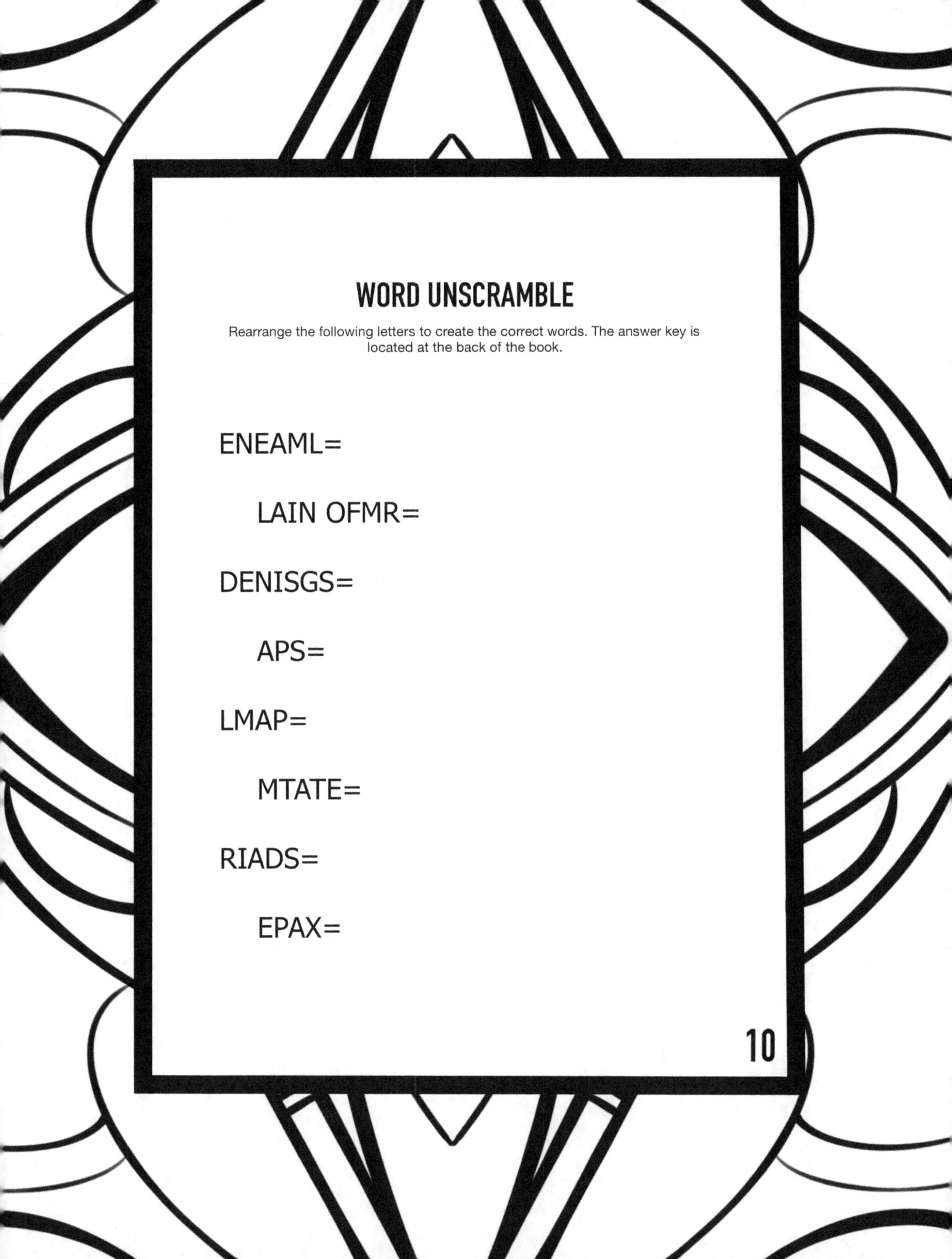

WORD UNSCRAMBLE

Rearrange the following letters to create the correct words. The answer key is located at the back of the book.

ENEAML=

LAIN OFMR=

DENISGS=

APS=

LMAP=

MTATE=

RIADS=

EPAX=

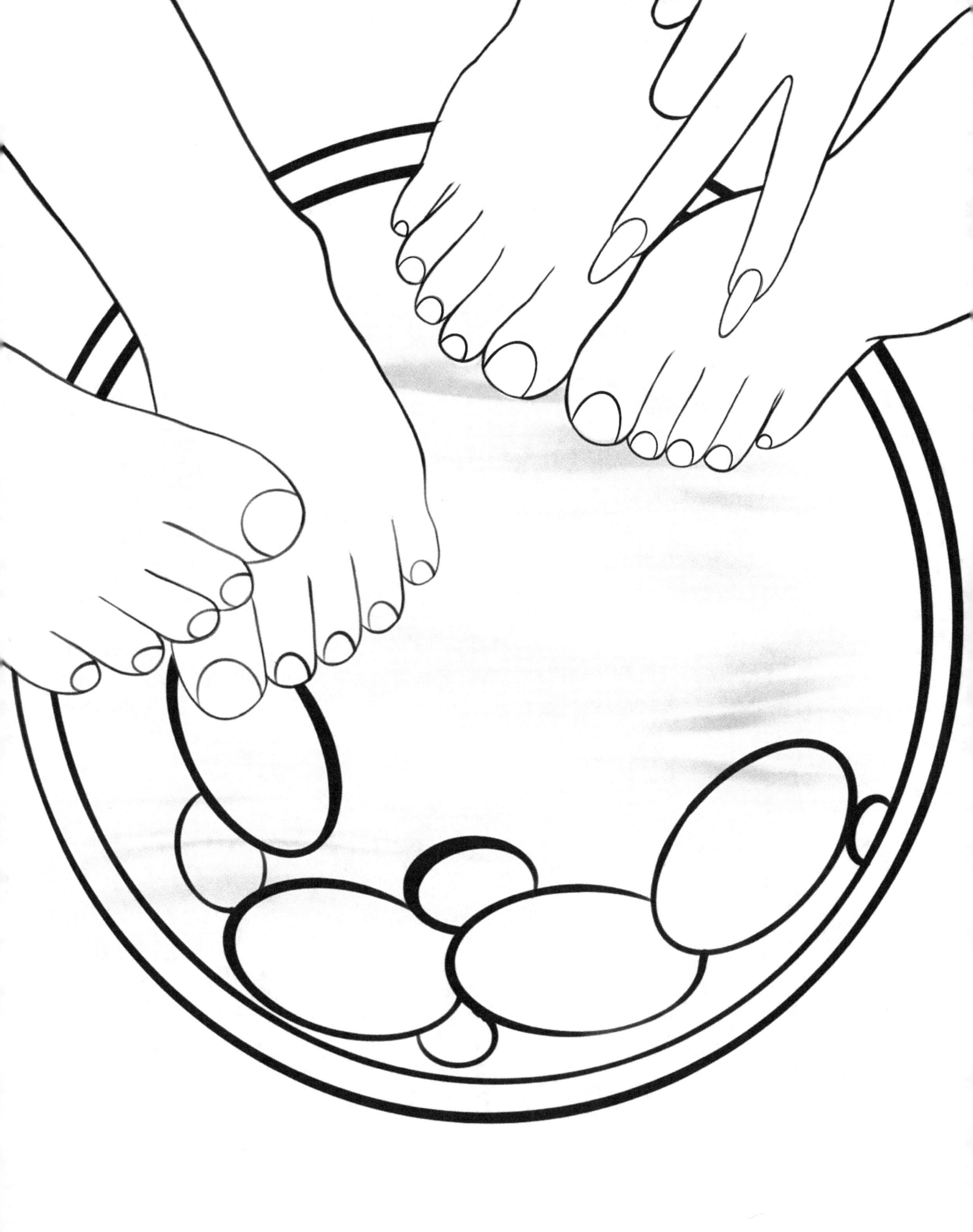

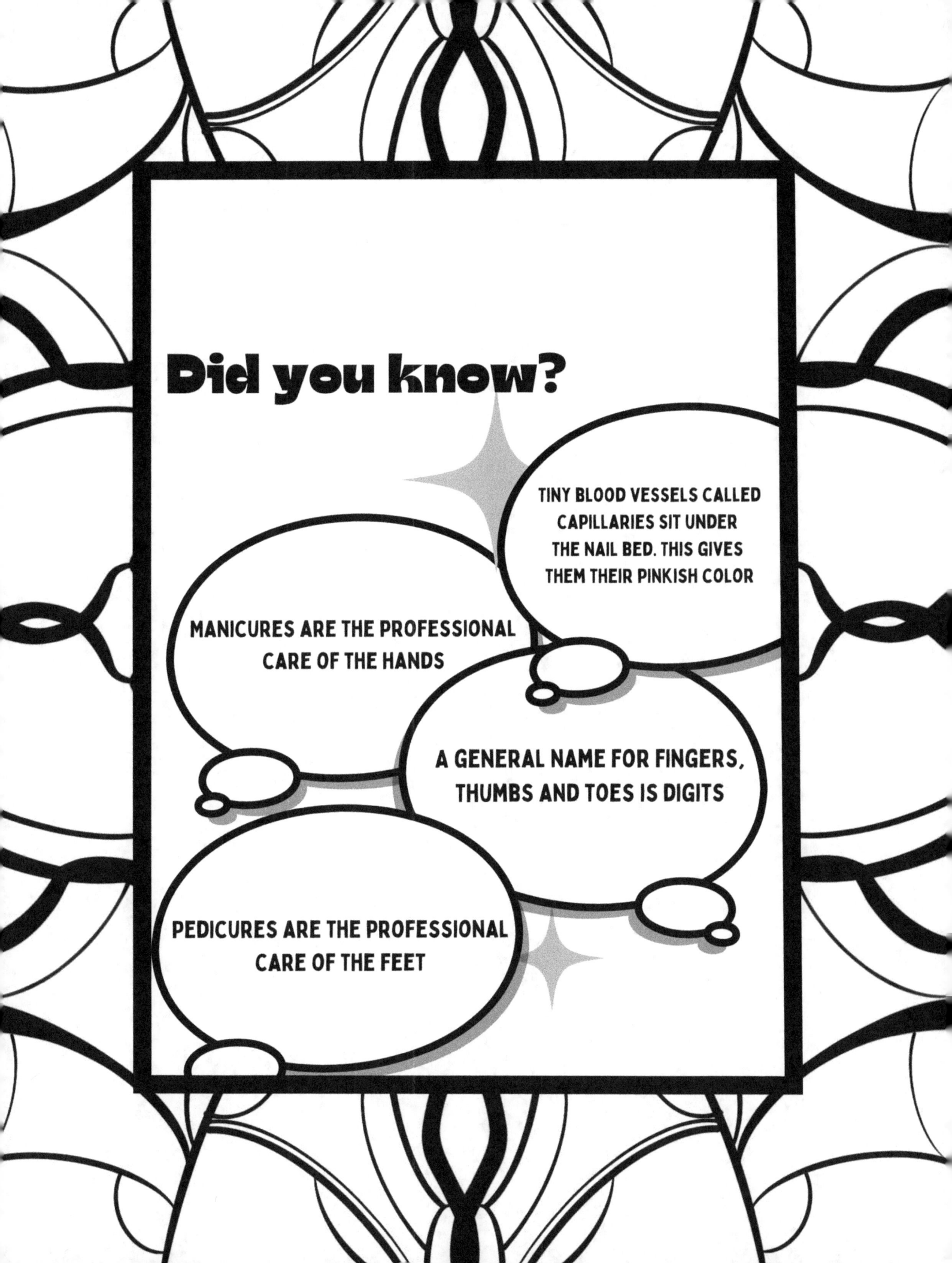

NAIL SALON QUIZ

Do you know about nail disorders, manicure equipment and nail anatomy? Choose the best answer for each question. The answer key is located at the back of the book.

What is an auto clave

a. Used to kill bacteria and viruses
b. A pressurized/heated vessel
c. A sterilizer
d. All of the above

Another name for acrylic powder is

a. Polymer
b. Gel
c. Epidermis
d. Phalanges

What is the hyponychium

a. The cuticle
b. A skin condition
c. Free edge
d. The thickened skin barrier just under the free edge

What is onychophagy

a. A nail biting condition
b. A respiratory response
c. White spots of the nail
d. Nail brittleness

What does MSDS stand for

a. Manufacturers safety danger system
b. Material safety data sheet
c. Manicurist solutions daily schedule
d. None of the above

13

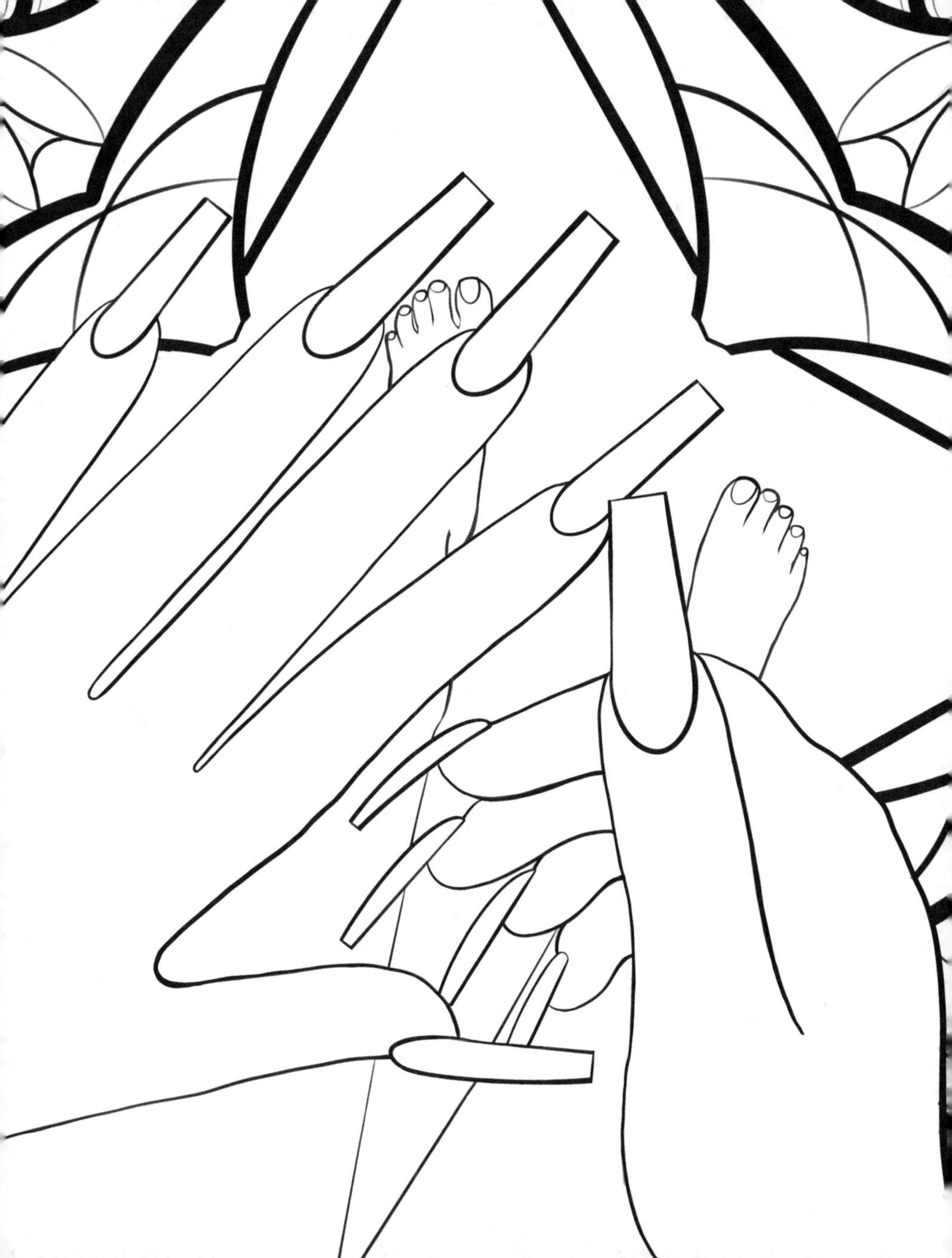

WORD UNSCRAMBLE

Rearrange the following letters to create the correct words. The answer key is located at the back of the book.

IEFLE=

UBRSH=

LGIERTT=

CDEAL=

WTOLE=

EPRP=

EWTEZRES=

ERFE DEEG=

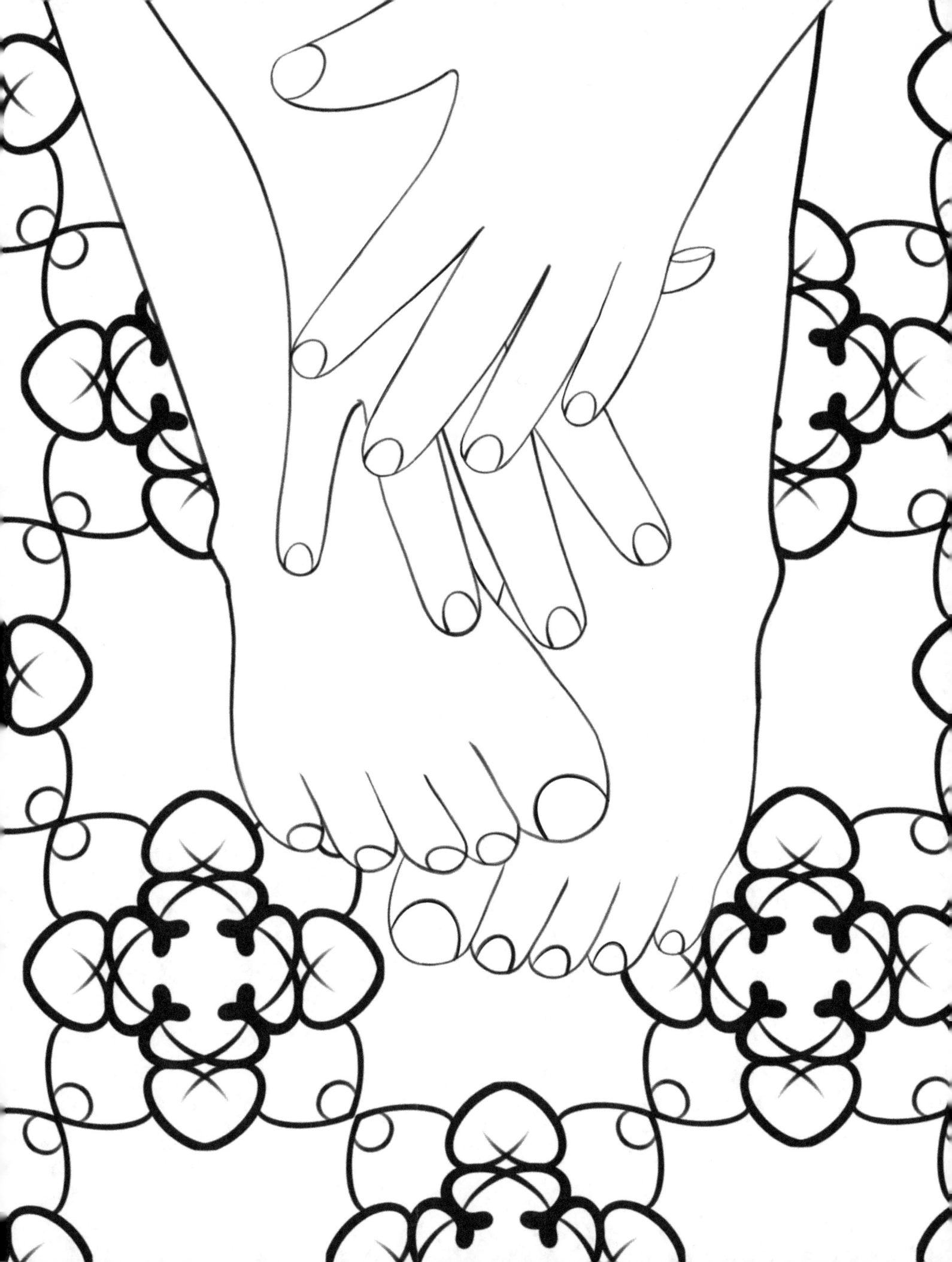

WORDS AROUND THE NAIL SALON

Words can be found, forward, backward or diagonal

SEARCH FOR THE WORDS LISTED BELOW

G	O	N	Y	C	H	O	R	R	H	E	X	S	I	S	X	W	M	E	C
A	M	E	J	S	U	A	A	H	G	T	E	K	B	U	H	M	E	Q	C
S	O	P	A	X	M	P	Y	D	J	E	N	P	H	I	M	V	T	I	G
T	N	S	B	L	E	F	N	J	D	C	O	V	L	Z	A	X	A	R	B
R	Y	L	V	O	R	L	D	S	V	C	T	Y	E	S	N	W	T	J	I
O	C	A	S	I	U	S	U	S	H	R	G	X	U	A	I	L	A	R	T
C	H	P	A	I	S	F	I	Z	E	A	E	G	O	A	A	M	R	C	N
N	O	R	Q	B	Y	T	D	I	H	C	N	Y	H	T	V	U	S	I	O
E	M	A	G	X	I	I	O	P	C	O	R	M	S	U	J	I	A	E	I
M	Y	C	J	R	W	D	O	P	L	F	E	Q	A	H	M	H	L	C	T
I	C	A	R	K	C	H	E	S	C	L	F	L	D	F	J	C	S	O	A
U	O	T	E	W	C	T	U	J	E	O	L	C	D	T	G	Y	R	R	S
S	S	E	F	Y	F	E	R	L	T	Z	E	Y	U	D	L	N	Q	Y	I
U	I	M	N	Q	N	P	O	A	A	H	X	T	C	I	L	O	M	B	R
A	S	O	U	O	N	C	R	R	L	E	O	J	T	A	P	I	D	O	E
G	N	M	R	U	C	U	K	I	Y	R	L	E	O	Z	Y	R	E	A	M
E	V	E	X	R	Z	T	A	Z	R	S	O	C	R	X	W	E	D	R	Y
K	P	R	N	R	O	T	A	N	C	E	G	W	K	Y	R	P	R	D	L
O	I	D	I	G	I	T	L	P	A	E	Y	C	Z	T	U	C	B	N	O
T	I	B	I	A	L	I	S	P	O	S	T	E	R	I	O	R	Z	F	P

ONYCHORRHEXSIS	ACRYLATE	GASTROCNEMIUS
PERIONYCHIUM	ADDUCTOR	PERONEUS LONGUS
ONYCHOMYCOSIS	DIGIT	TIBIALIS POSTERIOR
HUMERUS	REFLEXOLOGY	POLYMERISATION
METACARPALS	METATARSALS	ONYCHOPHAGY

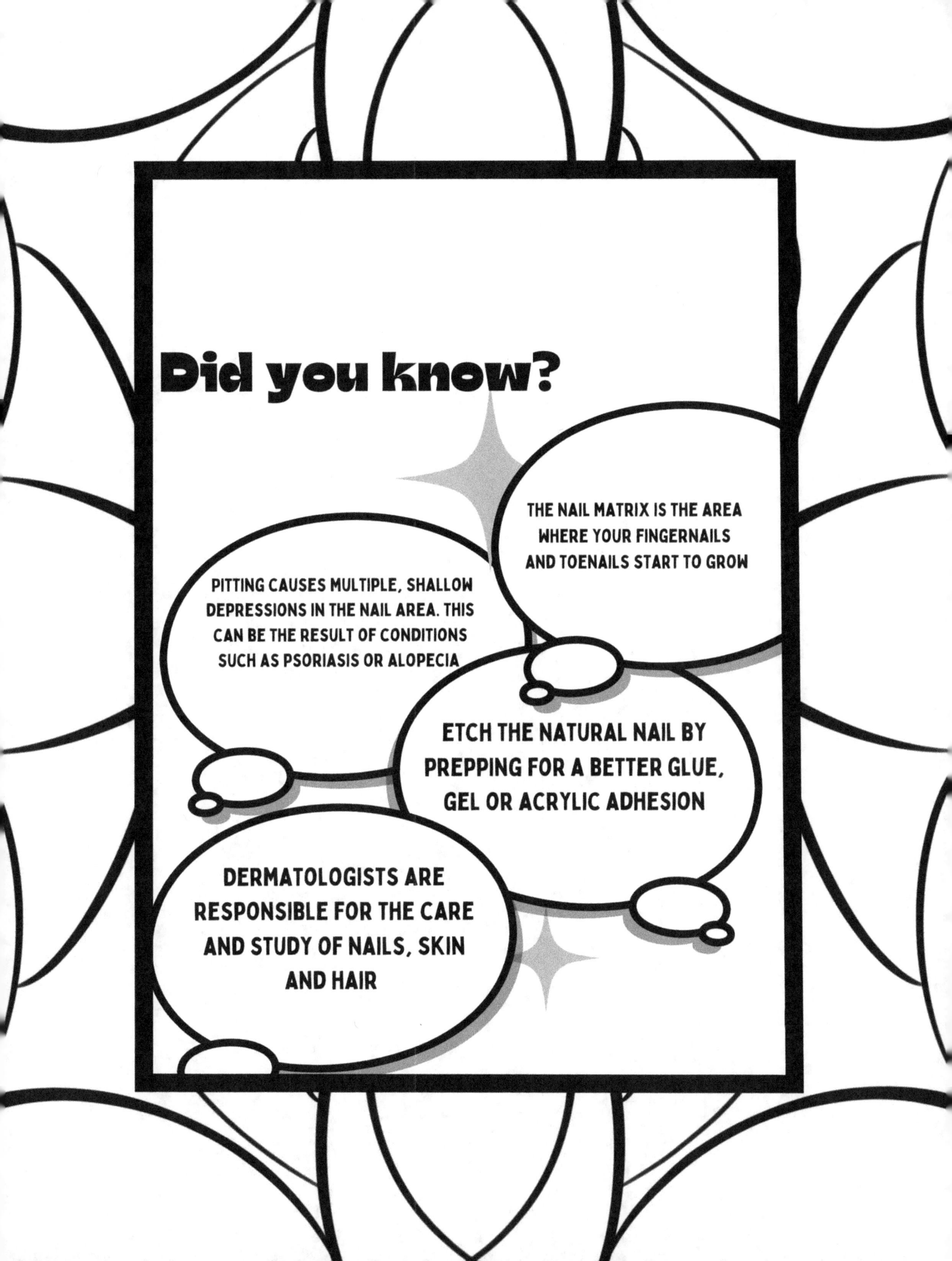

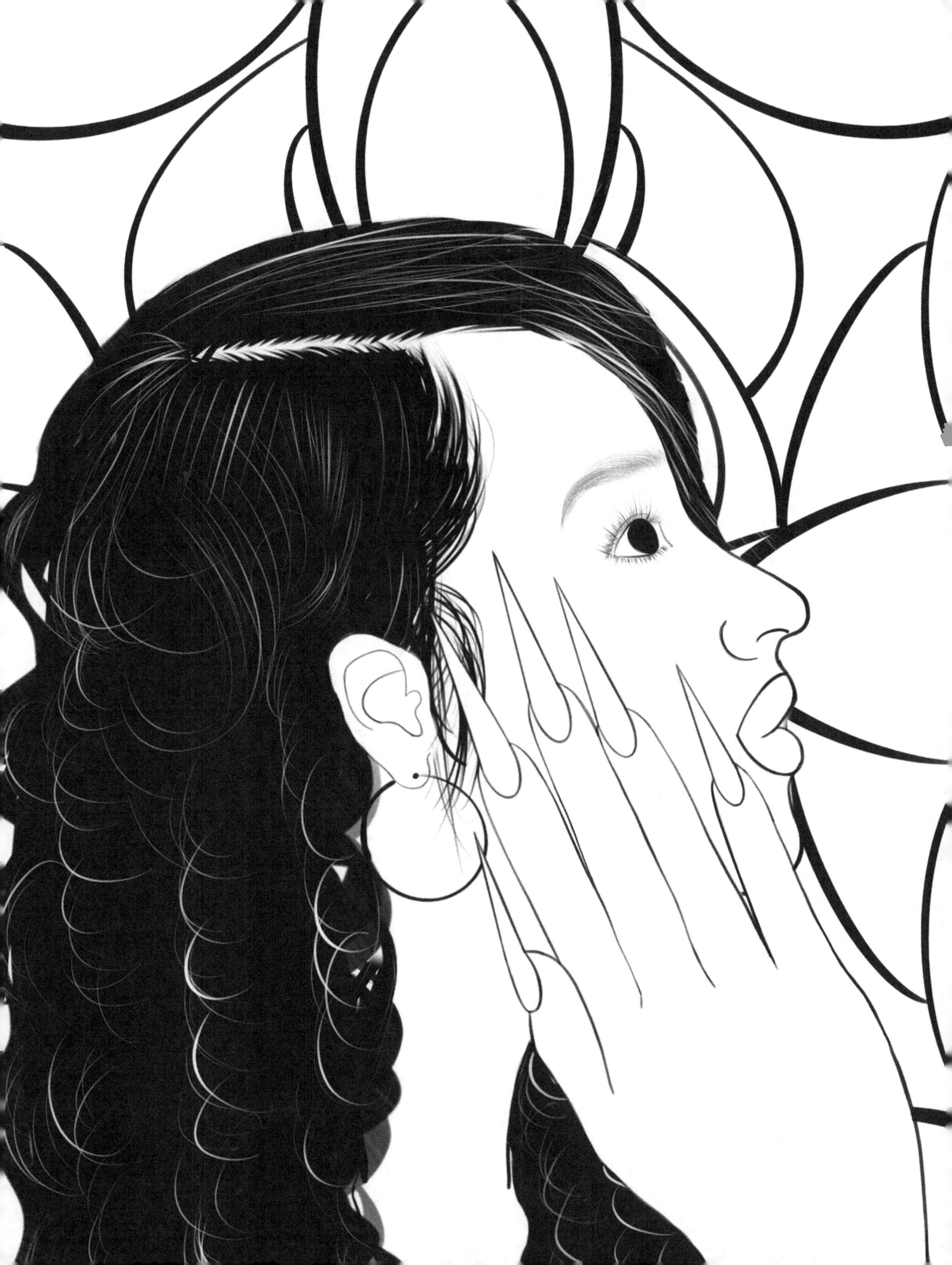

NAIL SALON QUIZ

Do you know about nail disorders, manicure equipment and nail anatomy? Choose the best answer for each question. The answer key is located at the back of the book.

Which of these items are not an implement

a. Cuticle nippers
b. Glue
c. Cuticle pushers
d. Nail clippers

Nail tips are made from what

a. Acrylate
b. ABS (a type of plastic)
c. Monomer
d. Elastin

The group of small bones located in the hands and feet that make up the structure of the hands and feet

a. Deltoid
b. Esophagus
c. Phalanges
d. Tibia

OSHA stands for what

a. Occupational safety health administration
b. Owners safety handbook assessment
c. Organization salon hazard authority
d. None of the above

What material is used for a nail wrap

a. Acrylic
b. Plastic
c. Cotton
d. Linen

WORDS AROUND THE NAIL SALON

Words can be found, forward, backward or diagonal

SEARCH FOR THE WORDS LISTED BELOW

C	U	R	E	A	S	E	C	G	R	R	E	O	R	Y	X	W	A	E	C
D	M	E	J	E	X	T	E	N	S	O	R	K	B	U	H	I	N	Q	C
F	C	P	A	X	B	P	Y	D	J	E	N	P	H	G	H	V	O	I	G
Z	J	L	F	L	A	M	M	A	B	L	E	V	N	C	A	X	R	R	S
V	D	Q	V	O	I	L	D	S	V	C	T	L	Y	D	N	W	P	J	T
E	T	C	S	I	Q	S	U	S	H	R	S	N	N	A	I	L	M	R	R
Y	P	A	R	O	N	Y	C	H	I	A	O	M	O	T	A	W	C	C	E
G	F	R	Q	B	Y	T	D	I	D	N	N	Y	N	T	V	E	T	I	N
A	V	P	G	X	I	I	O	S	A	M	I	A	S	U	J	M	I	E	G
C	D	A	J	R	W	D	X	L	G	F	T	Q	P	H	M	A	O	C	T
H	Q	L	R	K	C	N	E	I	C	C	R	L	S	F	J	N	R	O	H
I	C	S	E	W	S	M	L	J	E	O	M	C	O	T	G	I	R	R	E
L	E	P	F	I	F	I	R	F	X	Z	A	Y	L	D	L	C	Q	Y	N
L	Z	R	F	Q	D	P	N	A	V	H	J	T	E	I	L	U	M	B	E
E	A	I	U	U	N	I	R	R	V	E	J	J	U	O	O	R	D	O	R
S	N	M	B	U	S	U	K	I	S	R	Y	E	S	Z	Y	I	E	A	T
H	V	E	X	I	Z	I	N	F	E	C	T	I	O	N	W	S	D	R	T
E	P	R	D	R	O	T	A	N	C	E	Q	W	K	Y	R	T	R	D	E
E	I	P	S	T	S	T	A	S	H	E	L	F	I	R	S	T	A	I	D
L	Y	P	R	O	N	A	T	O	R	M	U	S	C	L	E	S	W	F	G

MELANONYCHIA	FIRST AID	PRONATOR MUSCLES
ACHILLES HEEL	PARONYCHIA	EXTENSOR
MANICURIST	CARPALS	INFECTION
CURE	STRENGTHENER	SOLEUS
DISINFECTANT	FLAMMABLE	RPM

21

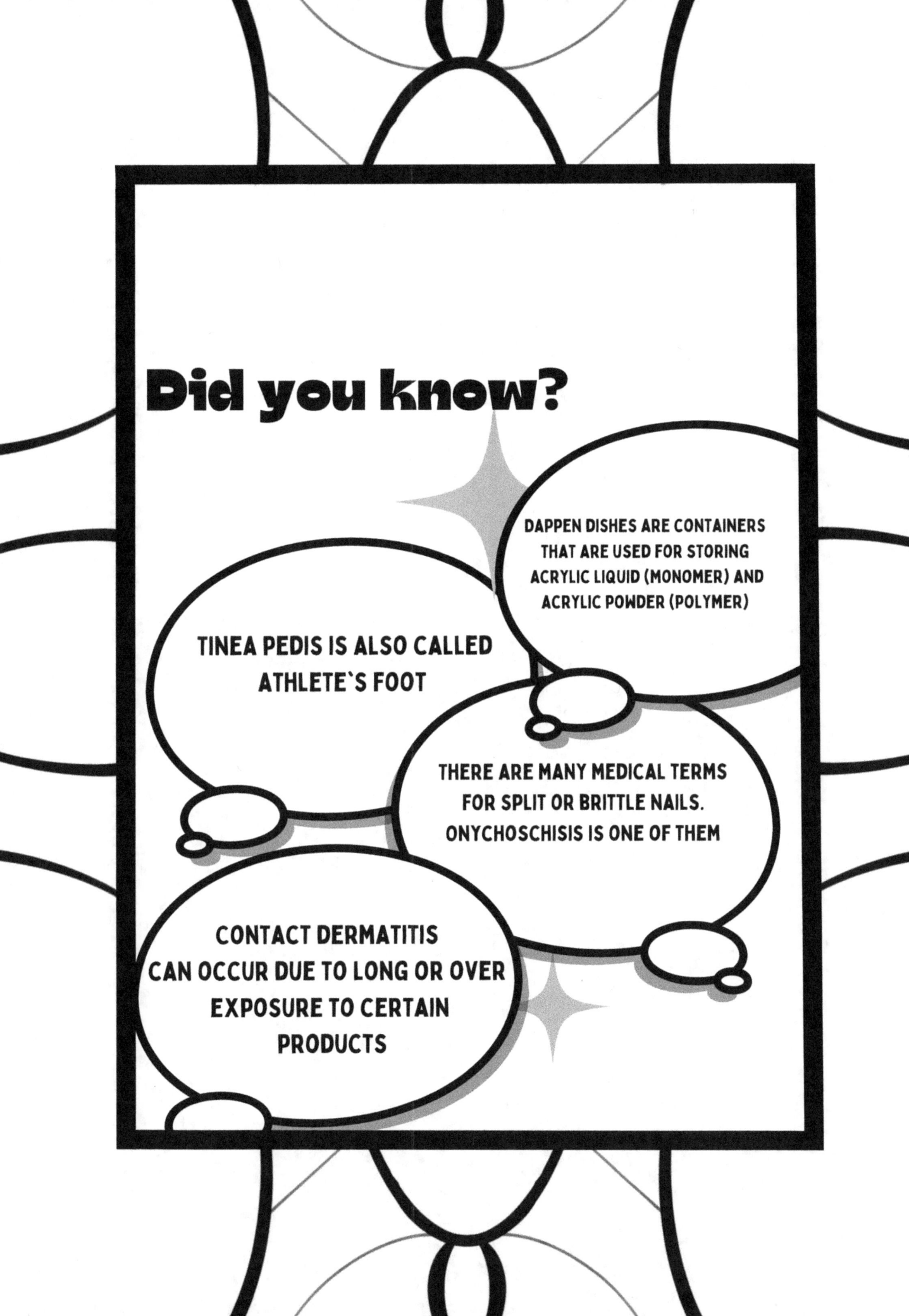

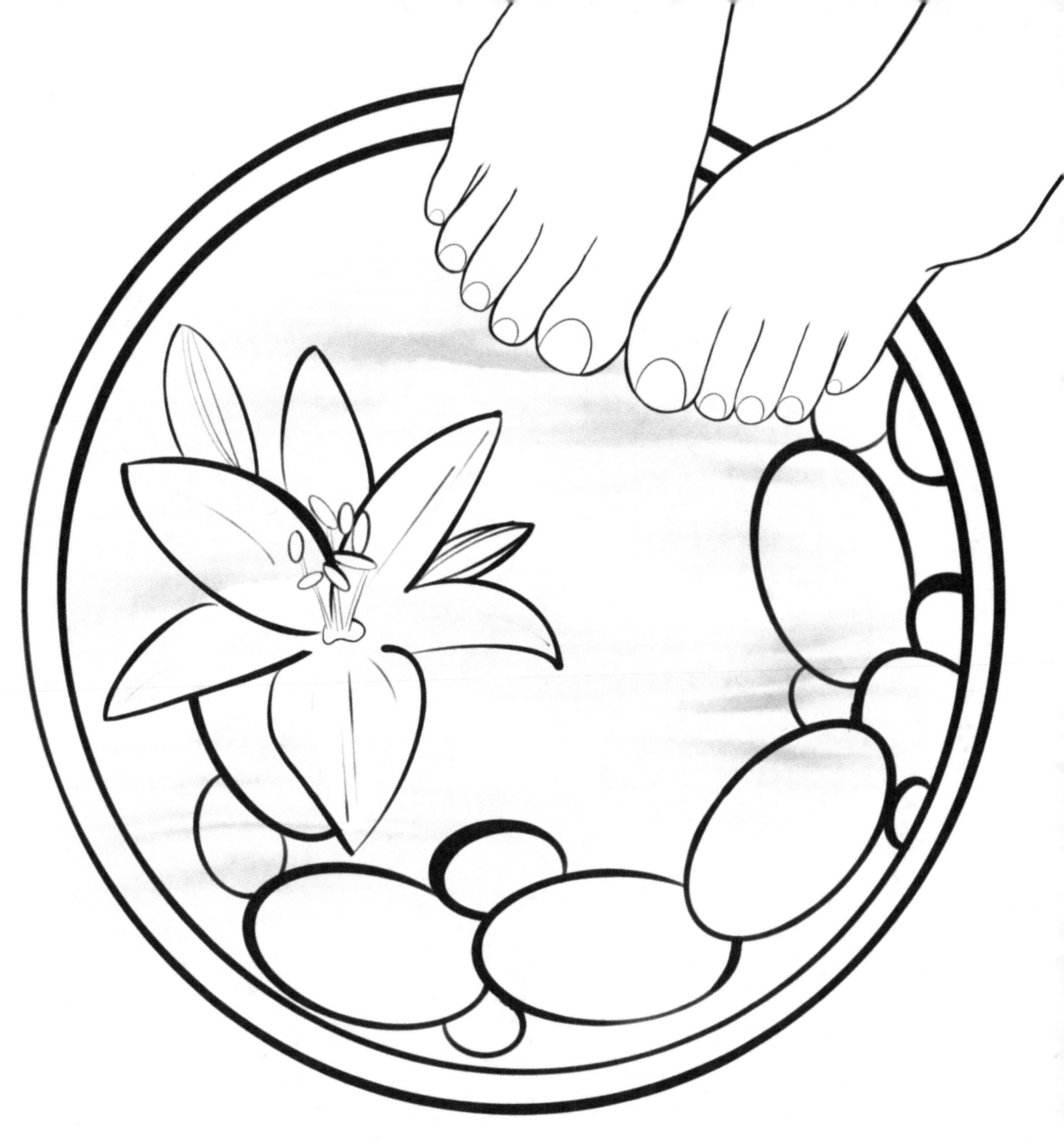

WORD UNSCRAMBLE

Rearrange the following letters to create the correct words. The answer key is located at the back of the book.

ERDYR=

    FUIBLA=

SLOE=

    EITMR=

EIPRMR=

    POT OCTA=

AOSP=

    LCUCTIE LIO=

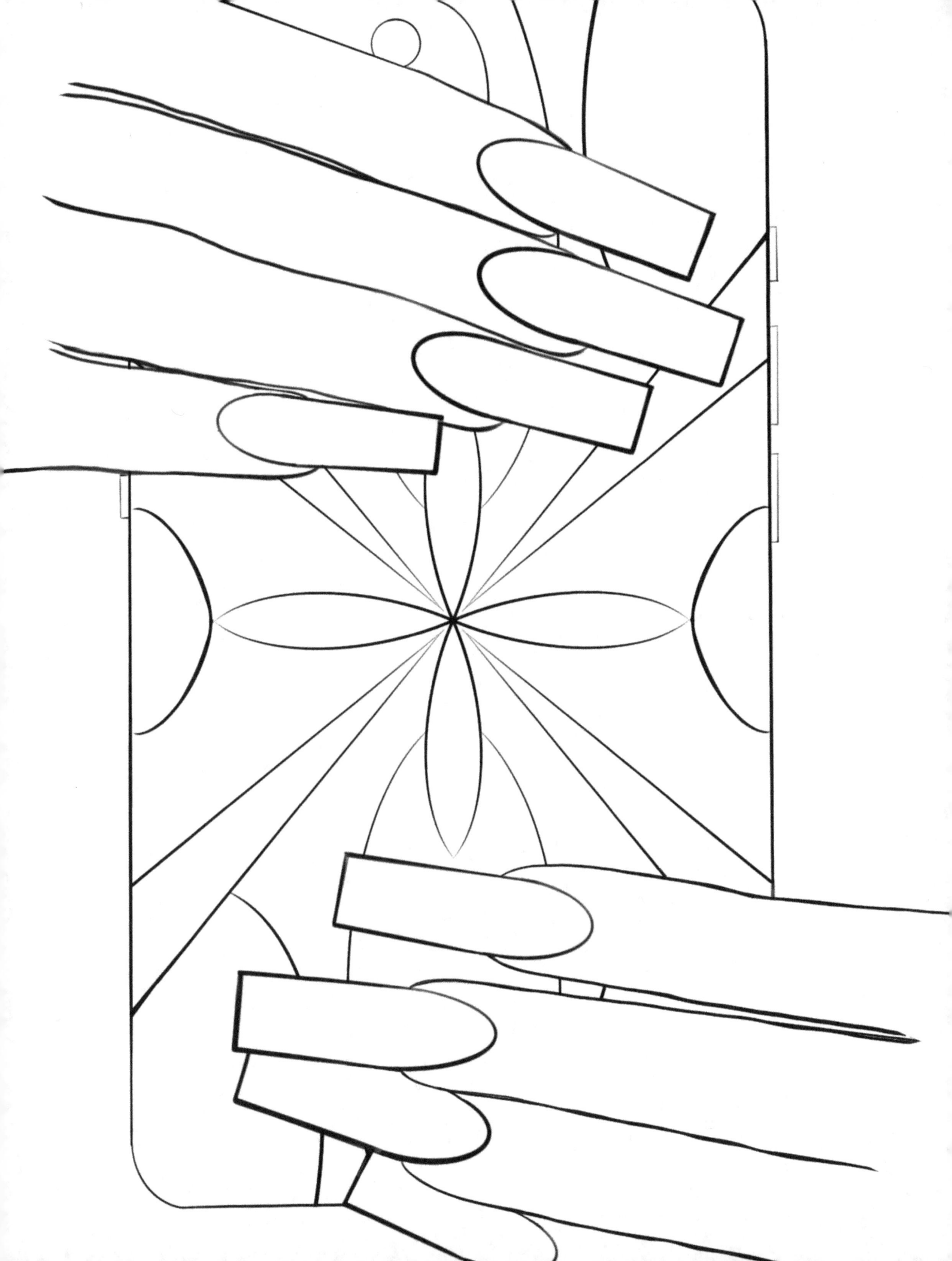

NAIL SALON QUIZ

Do you know about nail disorders, manicure equipment and nail anatomy? Choose the best answer for each question. The answer key is located at the back of the book.

What is also known as an ingrown nail

a. Onychia
b. Tarsal
c. Onychocryptosis
d. Leukonychia

RPM in terms of an E-files stands for what

a. Radio pulse machine
b. Rounds per minute
c. Reverse, pause, move
d. Really pretty manicure

A doctor can gain a lot of information about your health and some medications just from looking at your natural nails

a. True
b. False

_____ is the same protein that is found in hair and nails

a. Elastin
b. Serotonin
c. Keratin
d. Insulin

In 1975 Jeff pink, CEO of Orly cosmetics created the modern day French manicure in America

a. True
b. False

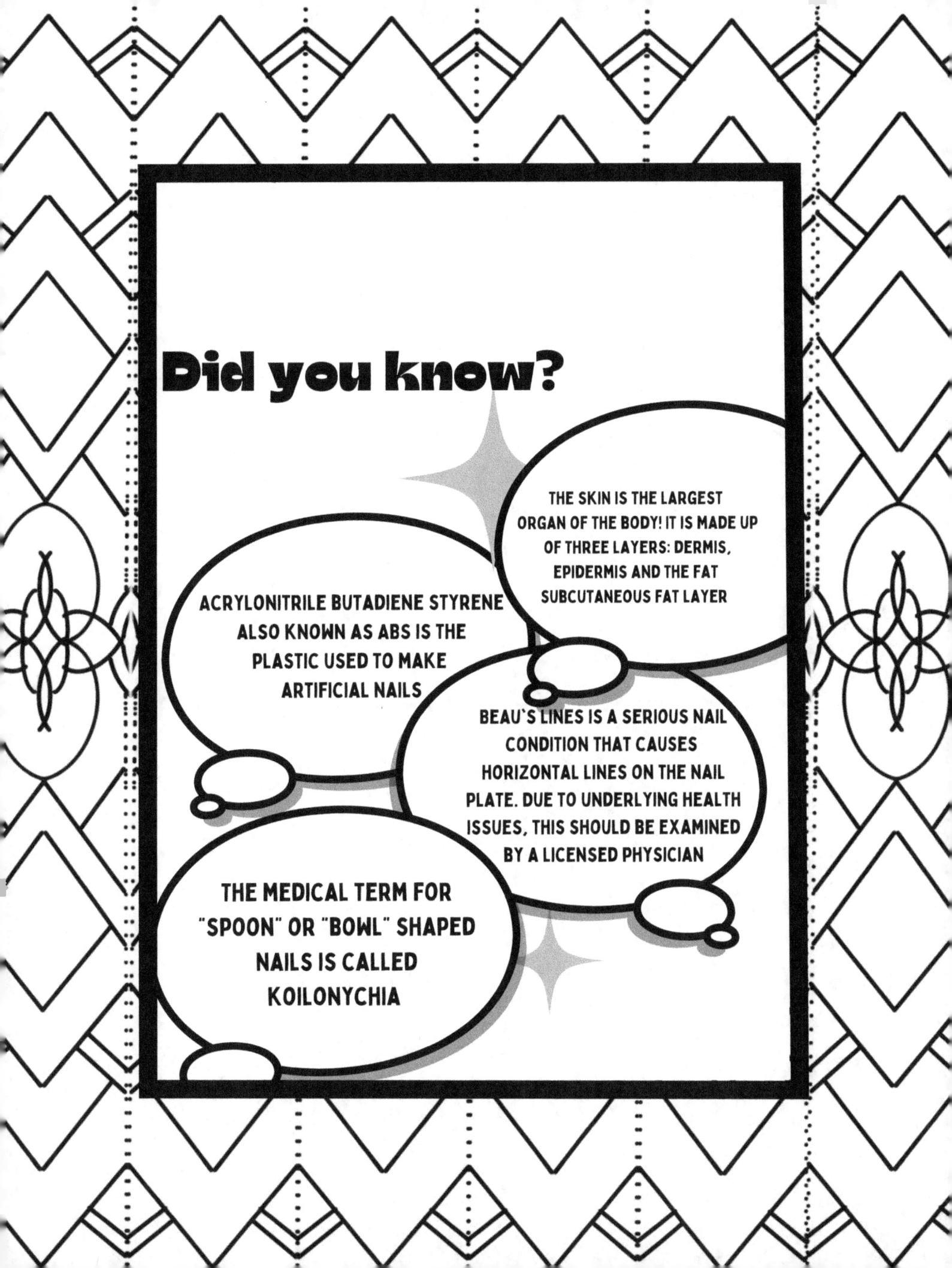

Did you know?

THE SKIN IS THE LARGEST ORGAN OF THE BODY! IT IS MADE UP OF THREE LAYERS: DERMIS, EPIDERMIS AND THE FAT SUBCUTANEOUS FAT LAYER

ACRYLONITRILE BUTADIENE STYRENE ALSO KNOWN AS ABS IS THE PLASTIC USED TO MAKE ARTIFICIAL NAILS

BEAU`S LINES IS A SERIOUS NAIL CONDITION THAT CAUSES HORIZONTAL LINES ON THE NAIL PLATE. DUE TO UNDERLYING HEALTH ISSUES, THIS SHOULD BE EXAMINED BY A LICENSED PHYSICIAN

THE MEDICAL TERM FOR "SPOON" OR "BOWL" SHAPED NAILS IS CALLED KOILONYCHIA

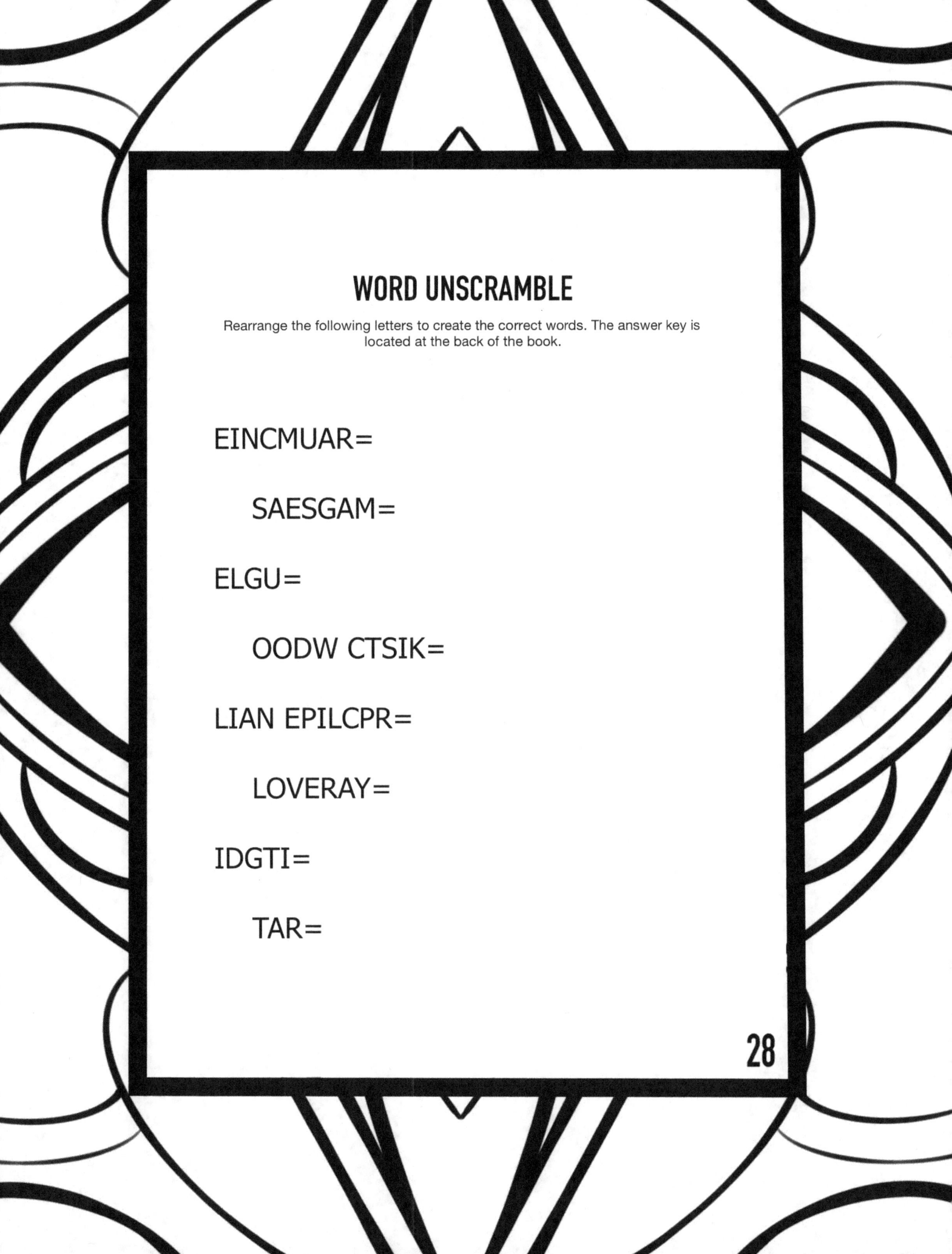

WORD UNSCRAMBLE

Rearrange the following letters to create the correct words. The answer key is located at the back of the book.

EINCMUAR=

SAESGAM=

ELGU=

OODW CTSIK=

LIAN EPILCPR=

LOVERAY=

IDGTI=

TAR=

28

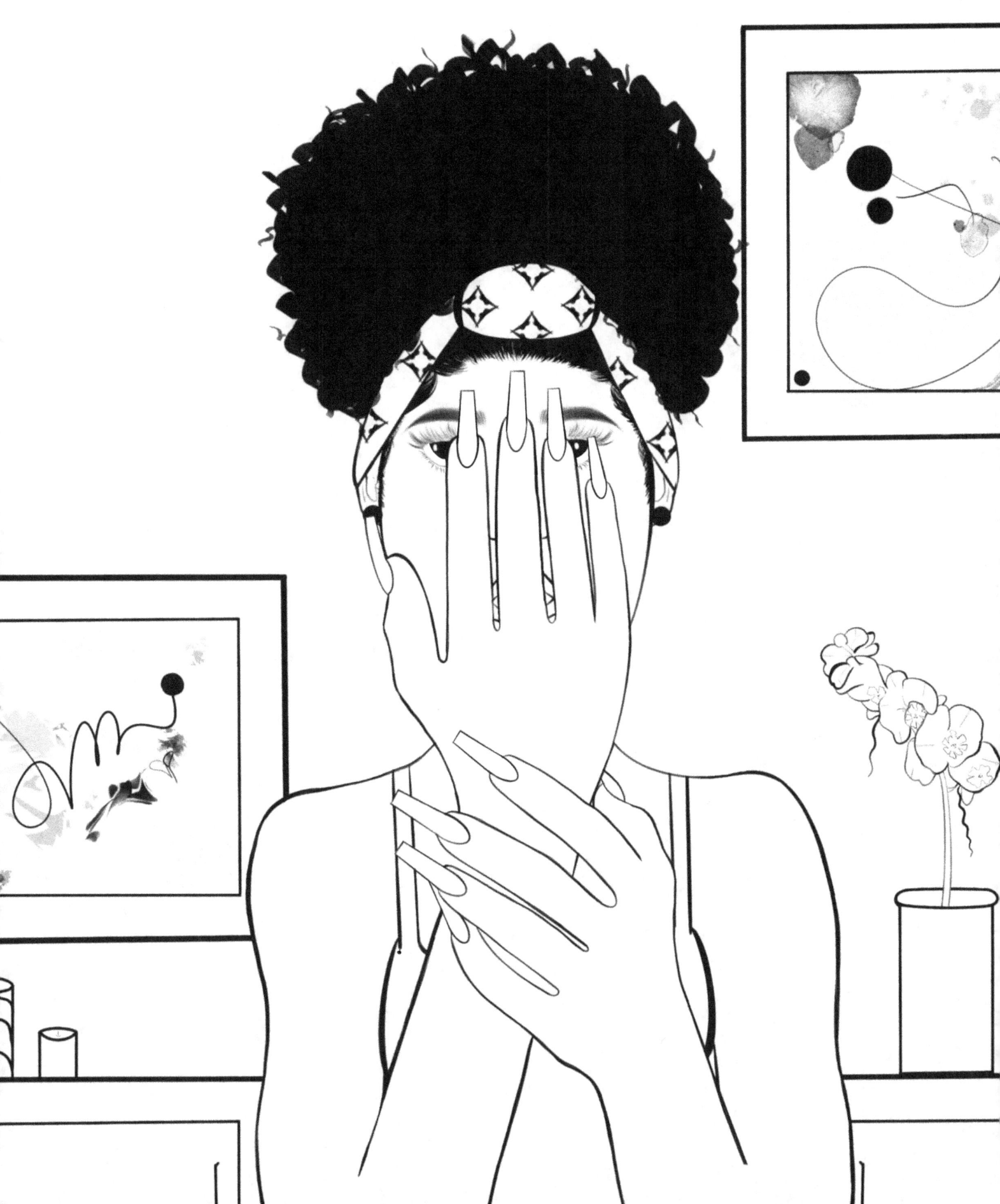

WORDS AROUND THE NAIL SALON

Words can be found, forward, backward or diagonal

SEARCH FOR THE WORDS LISTED BELOW

C	R	N	B	A	S	E	E	N	C	A	P	S	U	L	A	T	I	O	N
O	M	E	J	S	V	A	A	H	G	T	E	K	B	U	H	M	N	Q	C
L	C	N	A	I	L	P	L	A	T	E	N	P	H	G	M	V	O	I	G
O	F	L	B	L	A	F	N	J	D	C	O	V	N	Z	A	X	N	R	B
R	A	Q	V	O	I	L	D	S	V	C	T	L	E	D	C	W	F	J	C
E	B	W	S	I	Q	S	U	S	H	R	S	X	N	S	T	L	A	R	R
D	R	N	A	S	C	H	E	D	U	L	E	M	I	A	I	W	C	C	Y
A	I	L	Q	B	Y	T	D	I	A	D	N	S	H	T	V	E	T	I	S
C	C	F	R	X	I	I	O	I	I	M	O	M	S	U	A	M	I	E	T
R	W	Y	A	R	W	D	B	A	G	T	H	Q	P	H	T	U	O	C	A
Y	R	C	D	K	C	I	D	I	P	L	R	L	O	F	O	O	R	O	L
L	A	L	I	W	T	N	L	Y	S	O	M	C	B	T	R	Y	R	R	L
I	P	P	U	I	A	I	R	L	X	Z	A	Y	T	D	L	L	Q	Y	I
C	Z	R	S	B	D	C	O	R	E	M	R	A	W	L	E	W	O	T	Z
A	A	I	U	U	O	C	R	R	V	E	J	J	C	O	M	H	D	O	A
G	N	M	B	H	S	E	G	N	A	L	A	H	P	Z	A	N	E	A	T
E	V	E	C	R	Z	T	A	Z	V	S	Y	C	T	X	T	W	D	R	I
K	P	Y	N	E	X	T	E	N	S	I	O	N	K	Y	T	V	R	D	O
T	N	P	S	T	G	E	L	I	O	E	L	C	I	T	E	C	B	N	N
O	Y	B	S	B	A	L	L	E	R	I	N	A	N	A	I	L	S	F	G

ONYCHOCRYPTOSIS	MATTE	NAIL PLATE
COLORED ACRYLIC	SCHEDULE	PHALANGES
BALLERINA NAILS	ACTIVATOR	RADIUS
ENCAPSULATION	CRYSTALLIZATION	BAND AID
TOWEL WARMER	EXTENSION	FABRIC WRAP

30

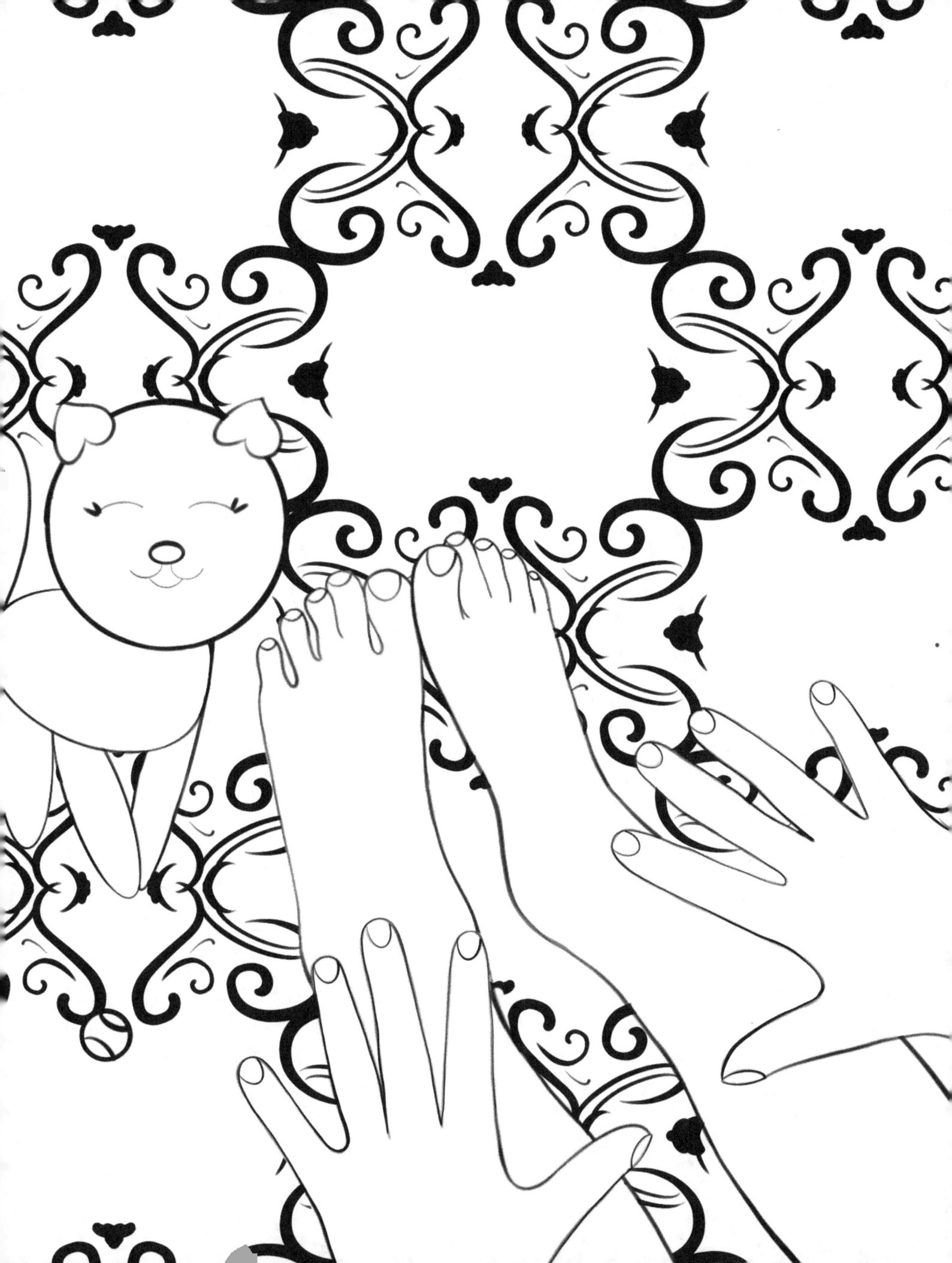

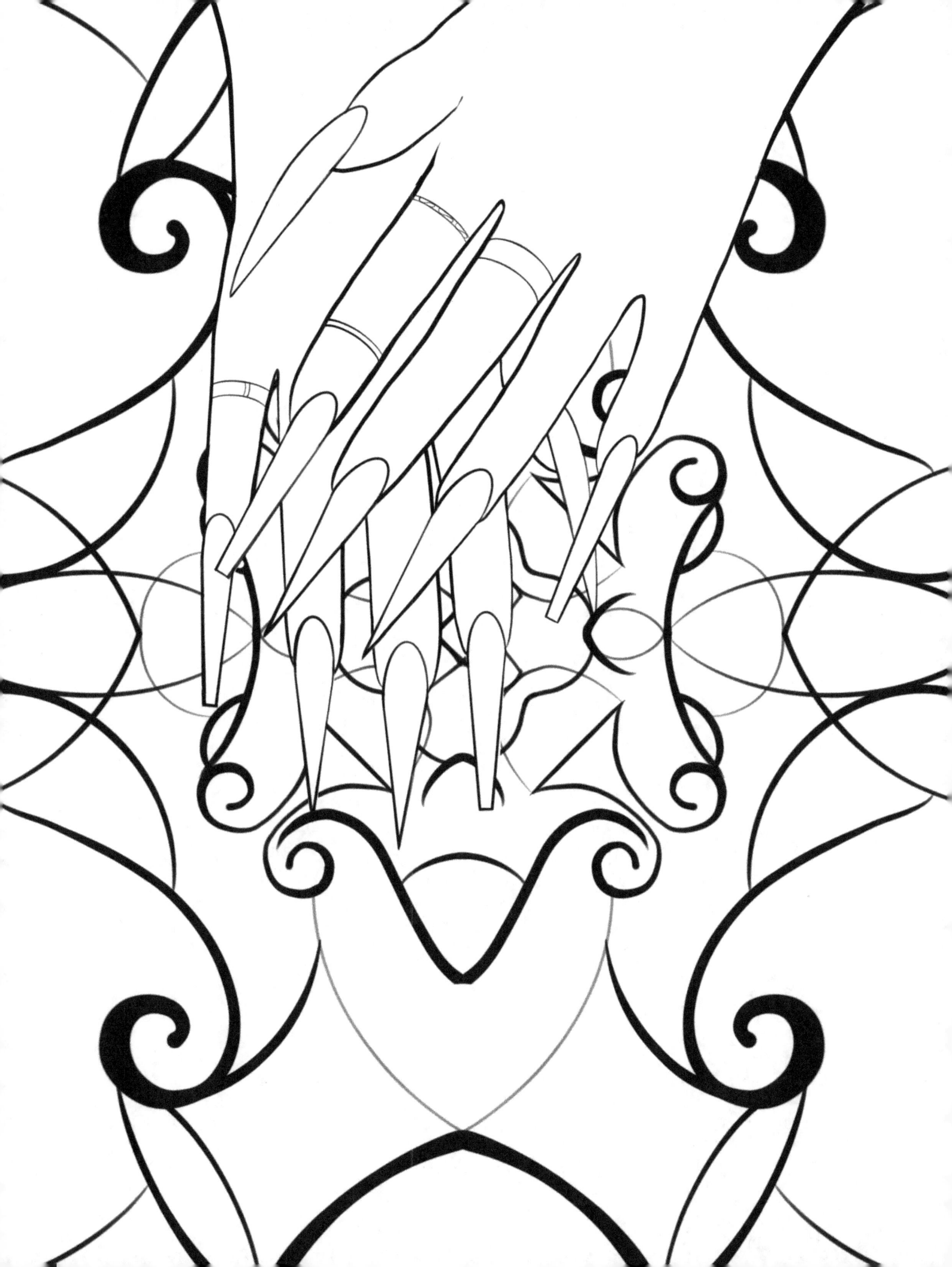

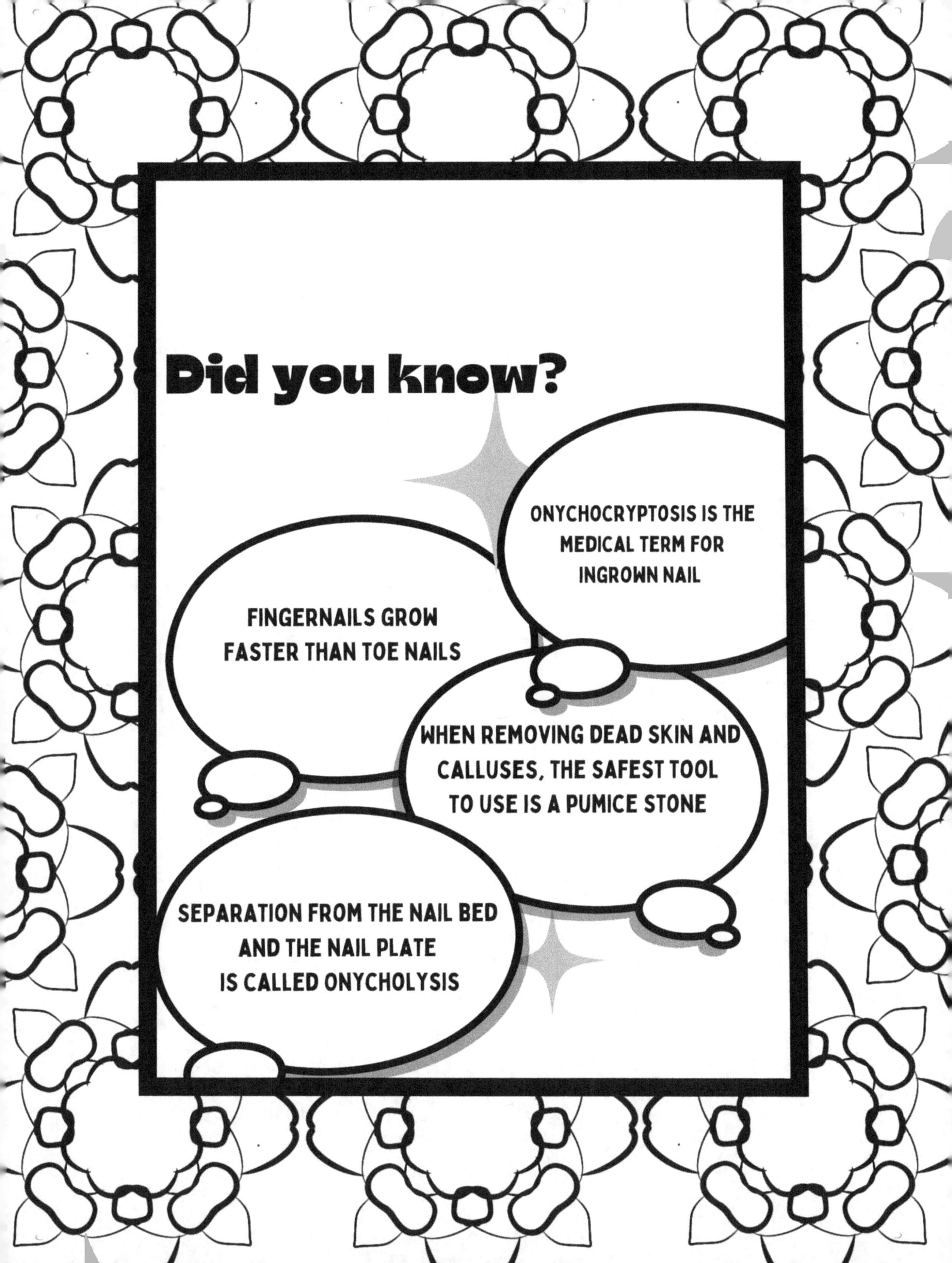

NAIL SALON QUIZ

Do you know about nail disorders, manicure equipment and nail anatomy? Choose the best answer for each question. The answer key is located at the back of the book.

A nail form is used for what

a. Smooth nail
b. Sculpting acrylic and gel
c. Dry nails
d. Polish nails

The bottom of the foot is also known as

a. Radius
b. Digit
c. Sole
d. Femur

The modern acrylic nail system was inspired by a dentist named Fred Slack

a. True
b. False

Lacquer is another name for what

a. Nail polish
b. Varnish
c. Top coat
d. All of the above

What is a rebalance

a. Soak off
b. Fill in
c. Designs
d. Polish change

WORD UNSCRAMBLE

Rearrange the following letters to create the correct words. The answer key is located at the back of the book.

XTMARI=

OPLY LEG=

LUAN=

XRPEOIED=

OEFLXR=

AWX AMCHEIN=

IERSN=

RUCE=

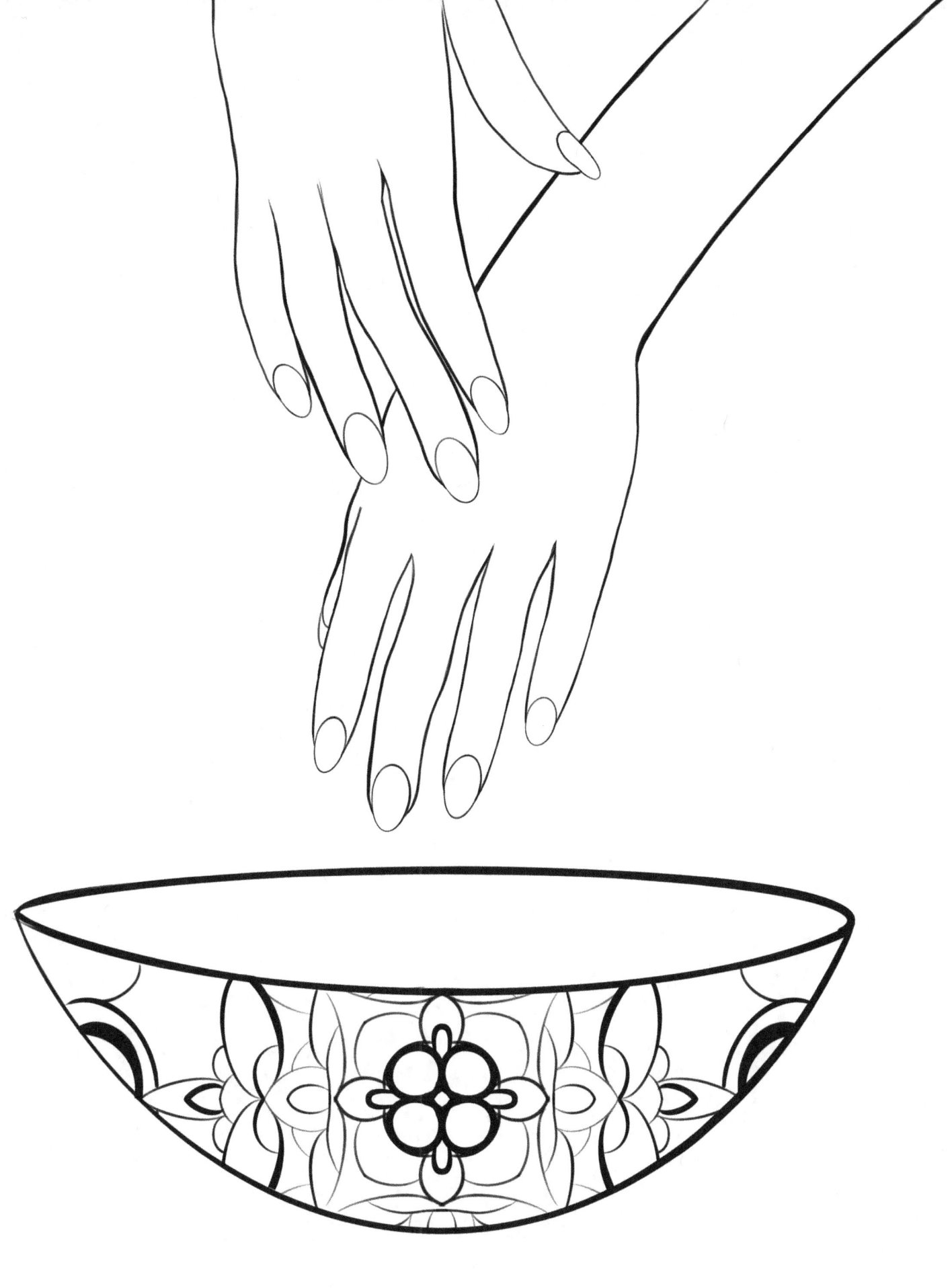

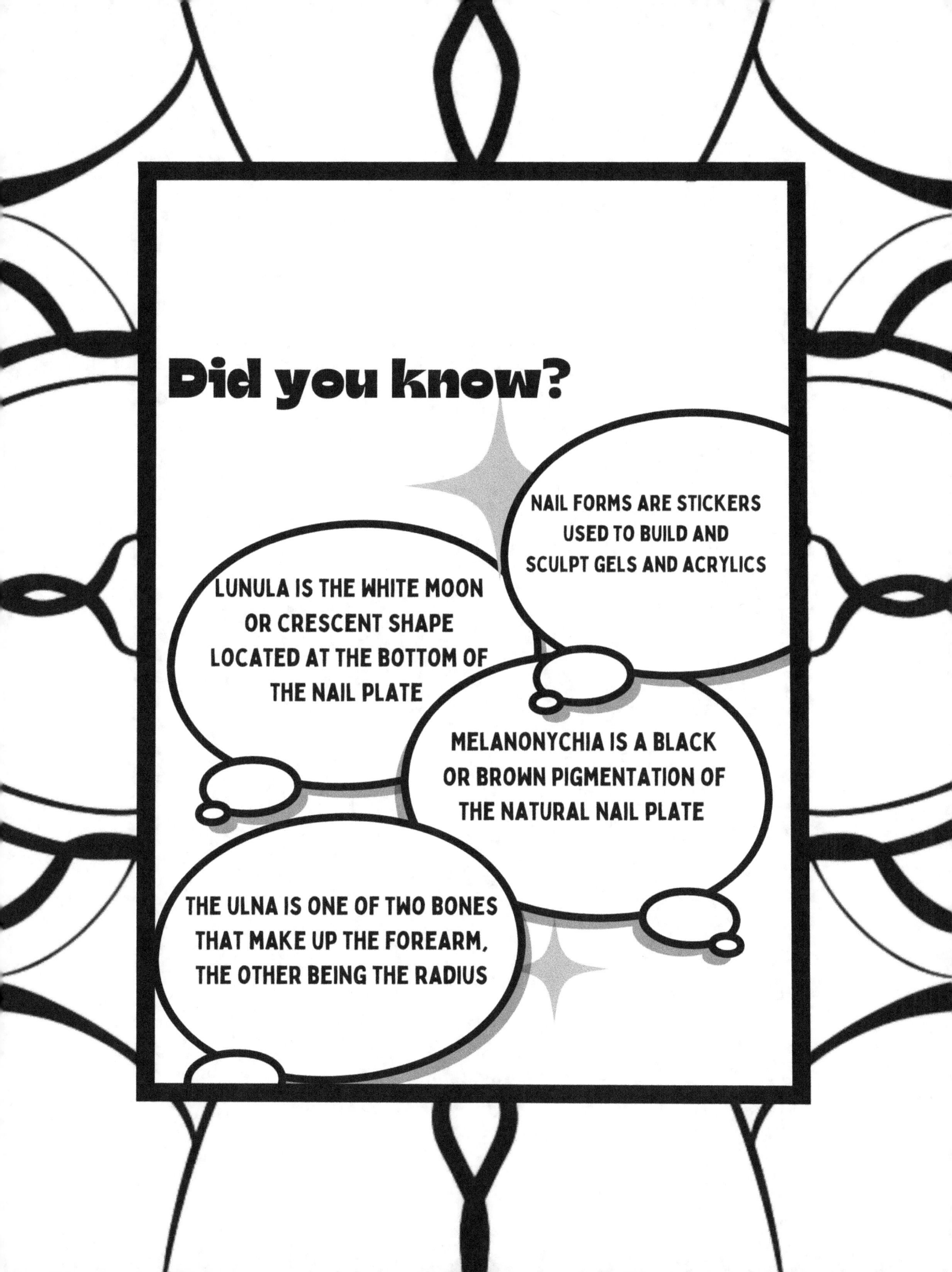

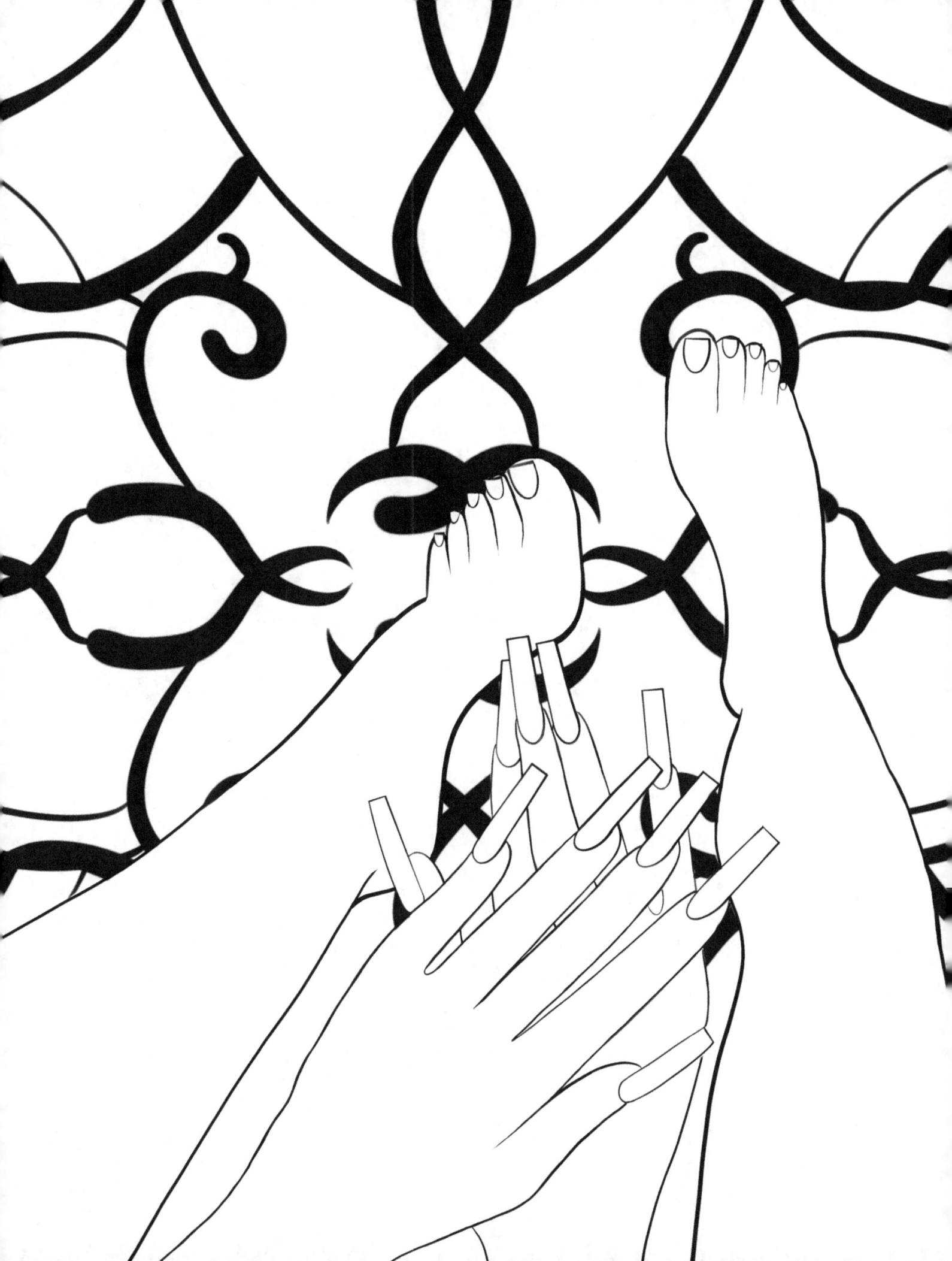

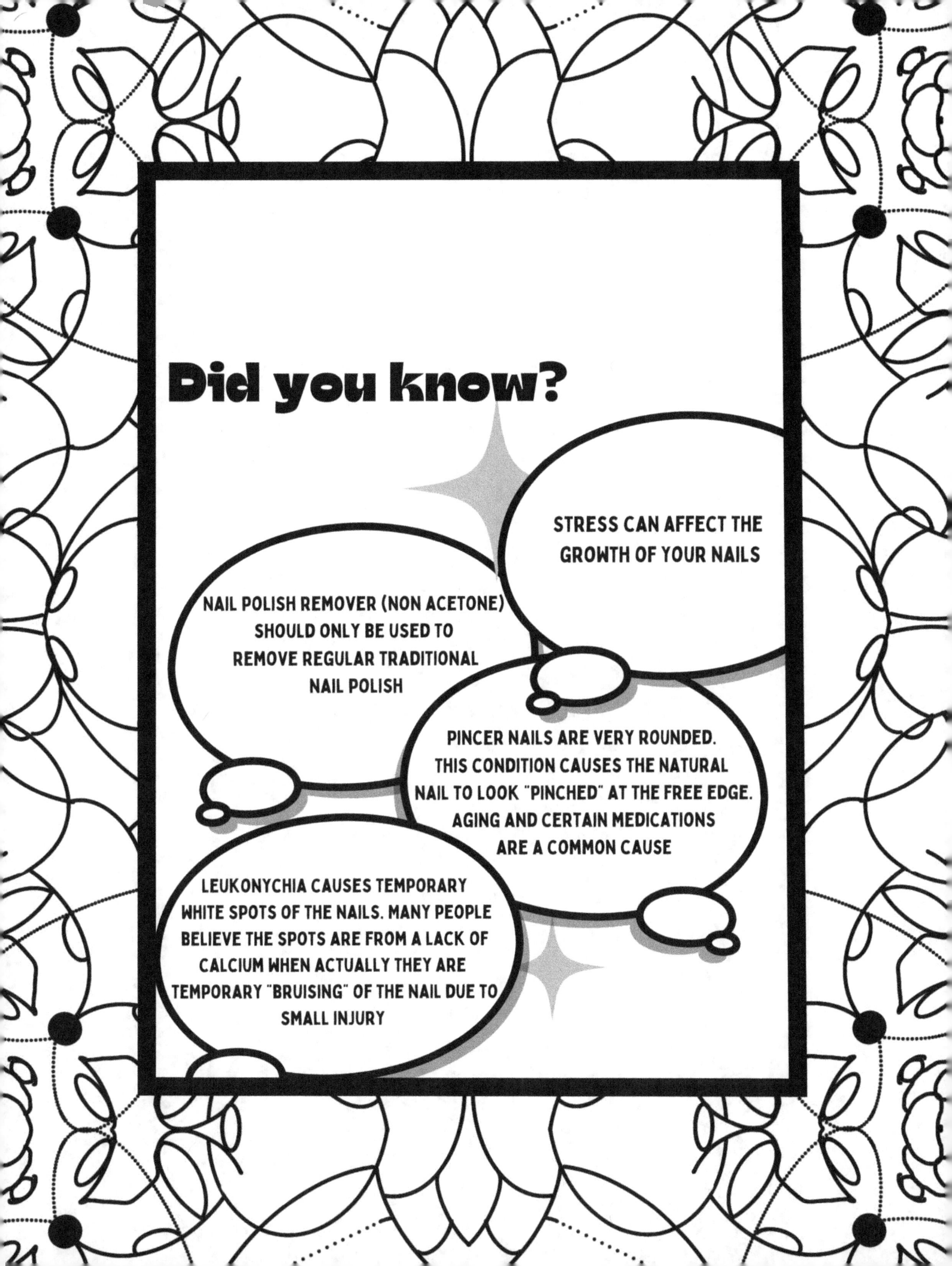

WORD UNSCRAMBLE

Rearrange the following letters to create the correct words. The answer key is located at the back of the book.

UATO EVLCA=

OOERGNMIC=

OLBOD=

LALBE=

LCEMCHIA=

ONMOMER=

PADPEN SIDH=

TMPIMLEEN=

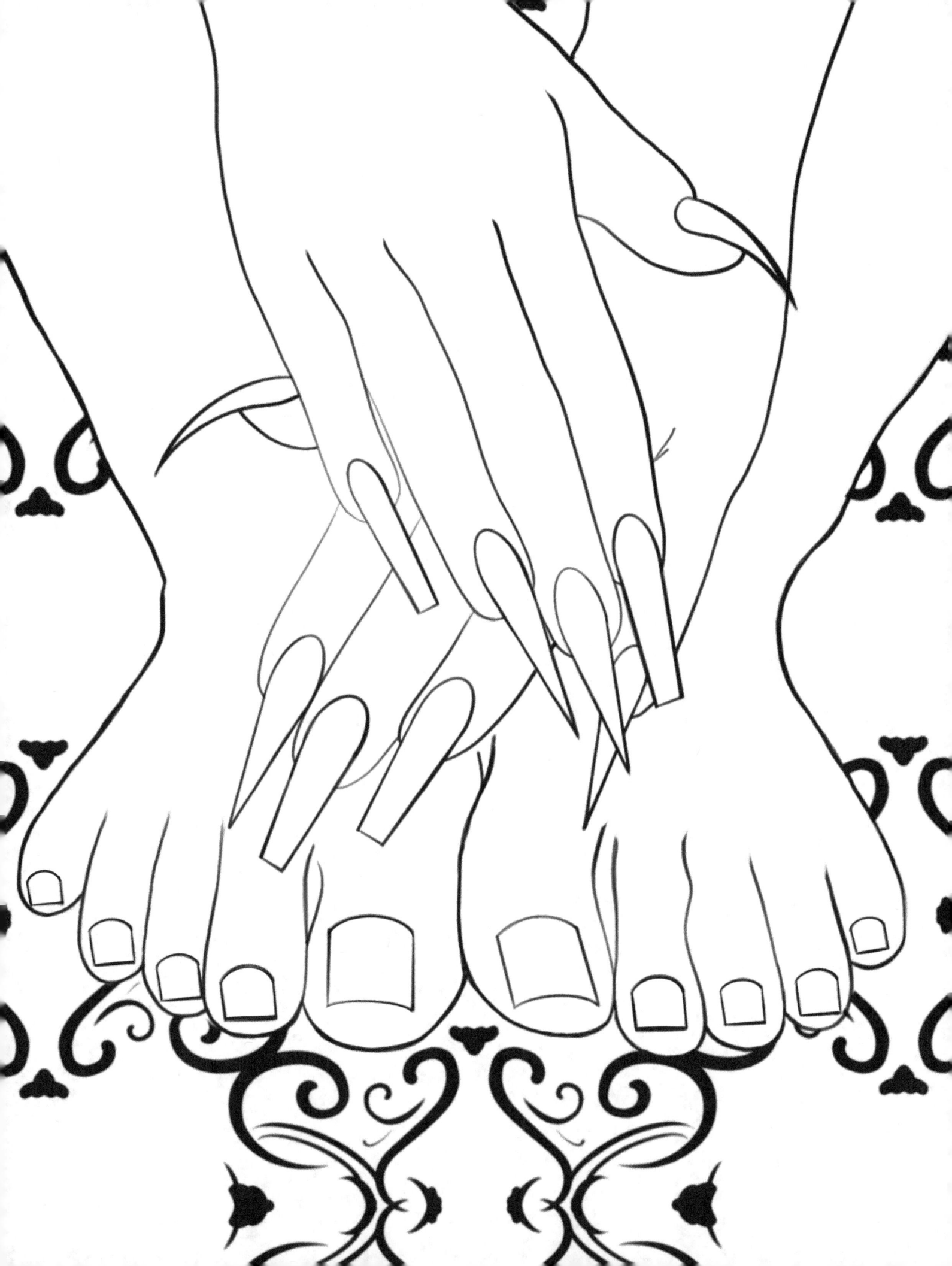

WORDS AROUND THE NAIL SALON

Words can be found, forward, backward or diagonal

SEARCH FOR THE WORDS LISTED BELOW

W	A	X	M	A	C	H	I	N	E	T	S	O	R	Y	X	W	S	E	P
D	M	E	J	S	V	A	A	H	G	T	E	D	B	U	H	M	N	Q	O
F	C	P	A	X	B	P	Y	D	J	E	N	E	H	G	M	M	O	I	D
O	J	L	B	L	N	E	R	V	E	C	O	H	N	Z	A	A	N	R	I
R	D	Q	V	O	I	L	D	S	V	C	T	Y	E	D	N	S	F	J	A
E	T	W	S	I	Q	S	U	S	H	R	S	D	N	A	I	S	A	R	T
Y	U	N	Q	Z	L	O	Y	P	E	E	E	R	O	A	A	A	C	C	R
G	E	L	P	O	L	I	S	H	D	C	N	A	P	T	V	G	T	I	I
N	V	F	G	X	I	I	O	S	C	O	M	T	O	U	J	E	I	E	S
E	D	Y	S	R	W	D	X	P	G	U	H	O	L	H	M	U	O	C	T
N	Q	C	H	K	C	N	E	I	I	L	R	R	Y	F	J	O	R	O	H
O	C	L	A	W	S	T	L	H	S	O	M	C	G	T	G	Y	R	R	R
T	E	P	P	I	F	I	C	L	X	Z	A	Y	E	J	O	L	Q	Y	O
S	Z	R	E	Q	D	Y	O	A	V	H	J	T	L	I	L	U	M	B	D
E	A	I	U	U	N	C	R	R	V	E	J	J	C	E	L	B	R	A	M
C	N	M	B	O	C	U	K	I	Q	R	P	W	R	Z	Y	A	P	A	T
I	V	E	I	R	Z	T	A	Z	V	S	Y	C	T	X	W	W	D	R	T
M	P	R	N	R	T	A	R	S	A	L	Q	W	K	Y	R	V	R	D	E
U	E	P	W	T	O	Y	L	I	A	L	M	O	N	D	N	A	I	L	S
P	O	M	B	R	E	A	C	R	Y	L	I	C	O	V	E	R	L	A	Y

GEL POLISH	DEHYDRATOR	POLY GEL
PERIONYCHIUM	OMBRE	PODIATRIST
ACYLIC OVERLAY	ALMOND NAILS	TARSAL
WAX MACHINE	MARBLE	NERVE
PUMICE STONE	SHAPE	MASSAGE

42

NAIL SALON QUIZ

Do you know about nail disorders, manicure equipment and nail anatomy? Choose the best answer for each question. The answer key is located at the back of the book.

What is it called when unwanted material becomes polluted with something else

a. Evaporation
b. Vapor
c. Contamination
d. None of the above

You must etch the nail for proper hard gel or acrylic adhesion

a. True
b. False

What is the dermis

a. The innermost layer of the skin
b. The skin around the cuticle
c. The bone just below the ankle
d. A rash

What is a nail matrix

a. Ridges of the nail
b. A style of nails
c. A hard keratin
d. The structure in which your finger nails and toe nails start to grow

What is it called when the nail plate separates from the nail bed

a. Diabetes
b. Psoriasis
c. Onycholysis
d. Leukonychia

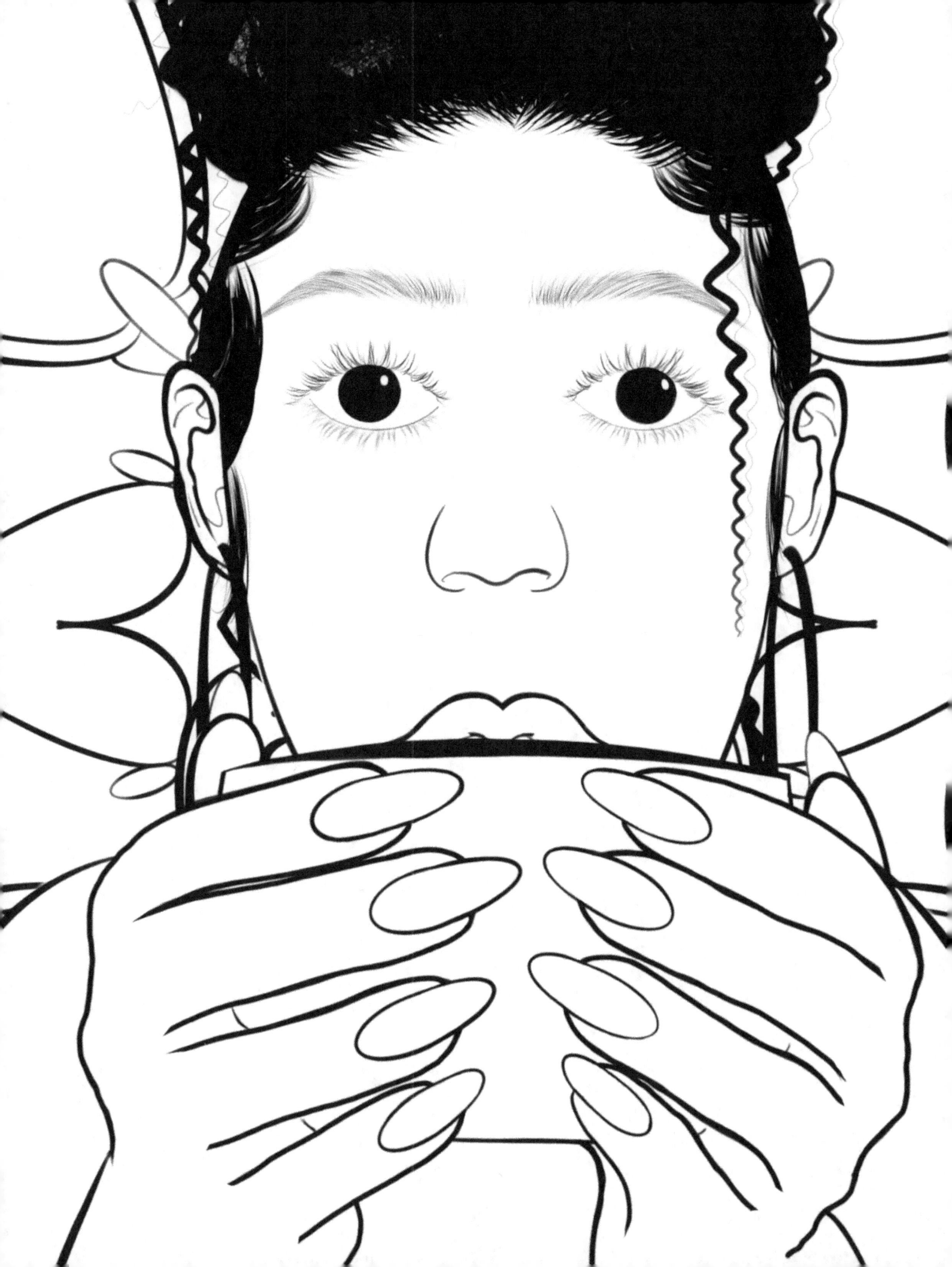

WORD UNSCRAMBLE

Rearrange the following letters to create the correct words. The answer key is located at the back of the book.

CDEPIURE=

GLE IOPLSH=

LAIN TAR=

GUFNUS=

LOALCHO=

TOCTON=

OOCLR=

LEG=

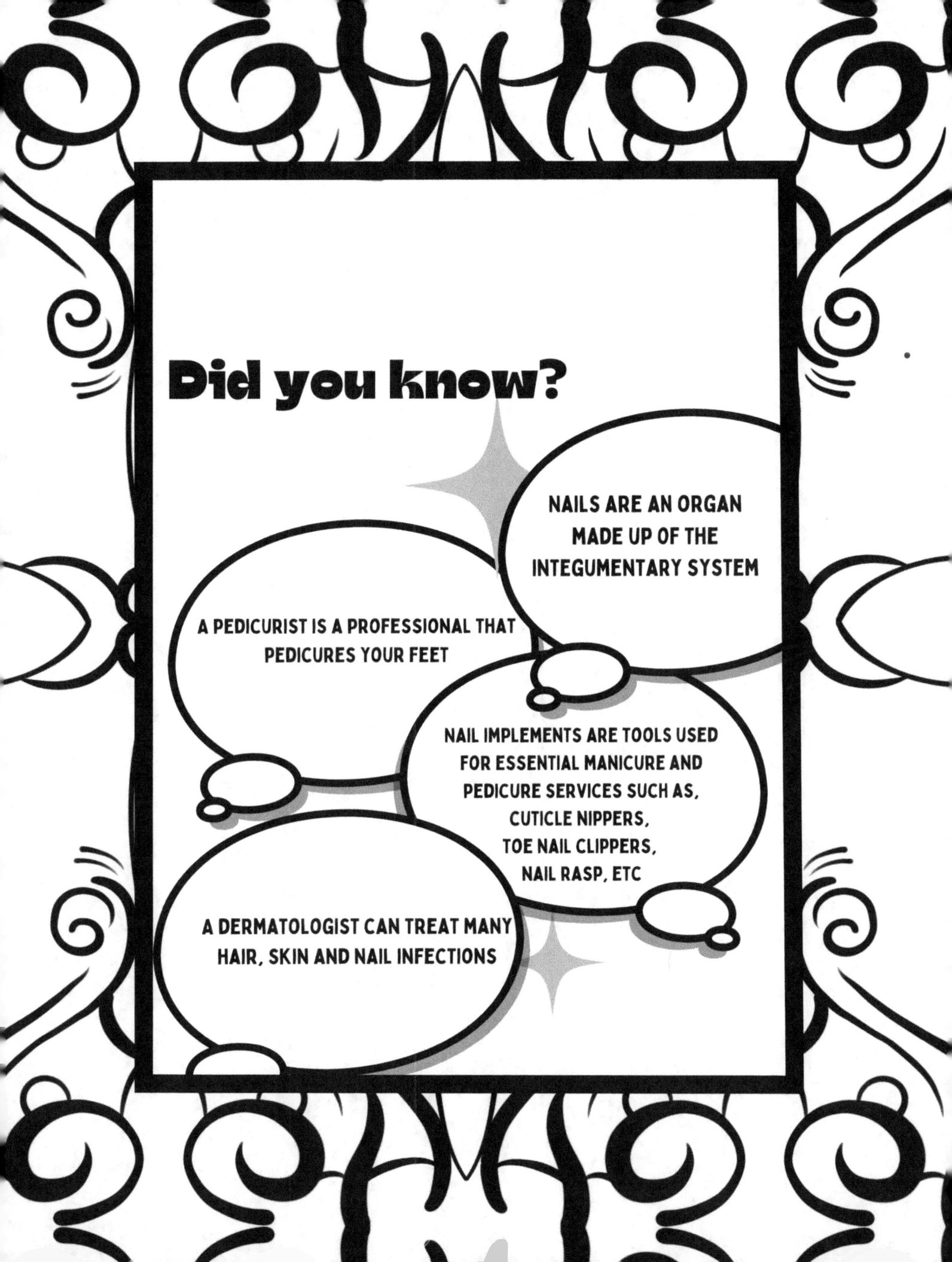

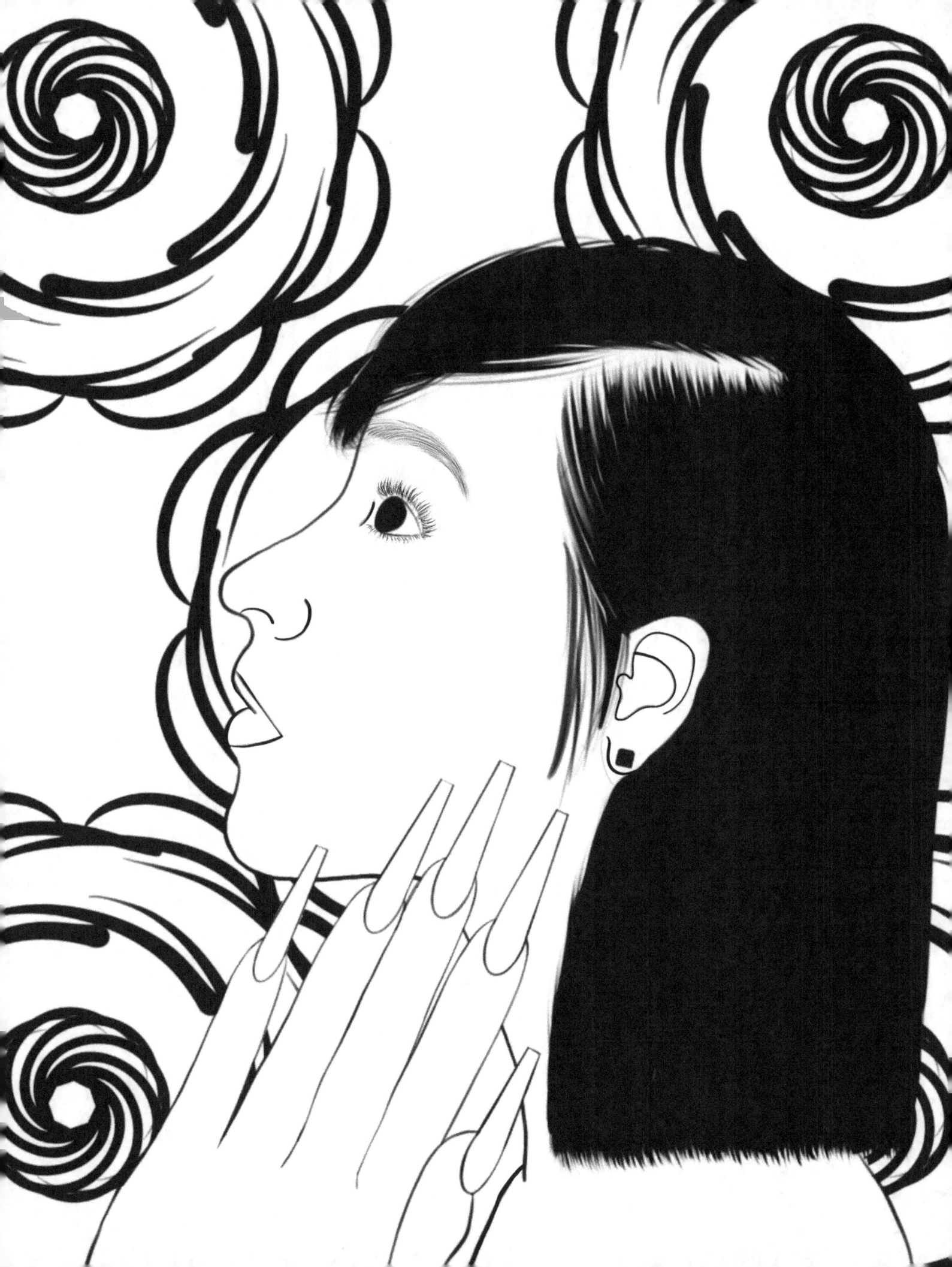

WORDS AROUND THE NAIL SALON

Words can be found, forward, backward or diagonal

SEARCH FOR THE WORDS LISTED BELOW

P	R	N	B	A	E	G	D	E	E	E	R	F	R	Y	X	W	S	E	C
A	M	E	S	S	V	A	A	H	G	T	E	K	B	U	H	M	N	Q	C
R	C	P	R	X	B	P	Y	D	J	E	R	P	H	G	M	V	O	I	G
A	J	L	O	L	A	F	N	J	D	E	O	V	N	Z	A	X	N	R	B
F	D	Q	S	O	I	L	D	S	Z	C	K	C	I	T	S	D	O	O	W
F	T	W	S	I	Q	S	U	I	H	R	D	N	A	I	L	F	I	L	E
I	U	N	I	I	L	F	T	L	E	N	E	M	O	A	A	W	C	C	G
N	F	L	C	B	Y	I	D	I	A	C	R	Y	H	T	V	E	T	I	R
N	V	F	S	X	N	I	O	B	C	M	E	M	S	U	J	M	I	E	A
L	D	Y	J	A	W	D	G	P	G	F	S	Q	P	L	U	N	U	L	A
A	Q	C	S	K	C	N	E	I	C	L	I	L	O	F	J	O	R	O	H
N	C	L	E	W	I	T	L	J	S	O	N	C	B	T	G	Y	P	R	R
G	E	P	F	D	F	I	R	L	X	Z	A	Y	T	D	L	L	E	Y	O
U	Z	R	N	Q	P	I	N	K	A	N	D	W	H	I	T	E	D	B	D
S	P	A	U	U	O	V	A	L	N	A	I	L	S	O	O	H	I	Q	O
G	S	M	B	U	C	U	K	I	D	O	Y	E	O	Z	Y	N	C	A	K
E	V	S	C	R	U	B	B	R	U	S	H	C	T	X	W	W	U	R	T
K	P	R	N	R	O	T	A	N	C	E	Q	W	K	Y	R	V	R	D	D
T	I	S	S	T	B	E	Y	I	O	Q	L	C	Z	T	D	C	E	N	Z
G	E	L	O	V	E	R	L	A	Y	H	Z	I	N	P	R	F	W	F	G

GEL OVERLAY	WOOD STICK	NAIL FOIL
LUNULA	SANDING BAND	SANITIZER
PEDICURE	SCISSORS	SPA
PARAFFIN	PINK AND WHITE	RESIN
SCRUB BRUSH	OVAL NAILS	FREE EDGE

48

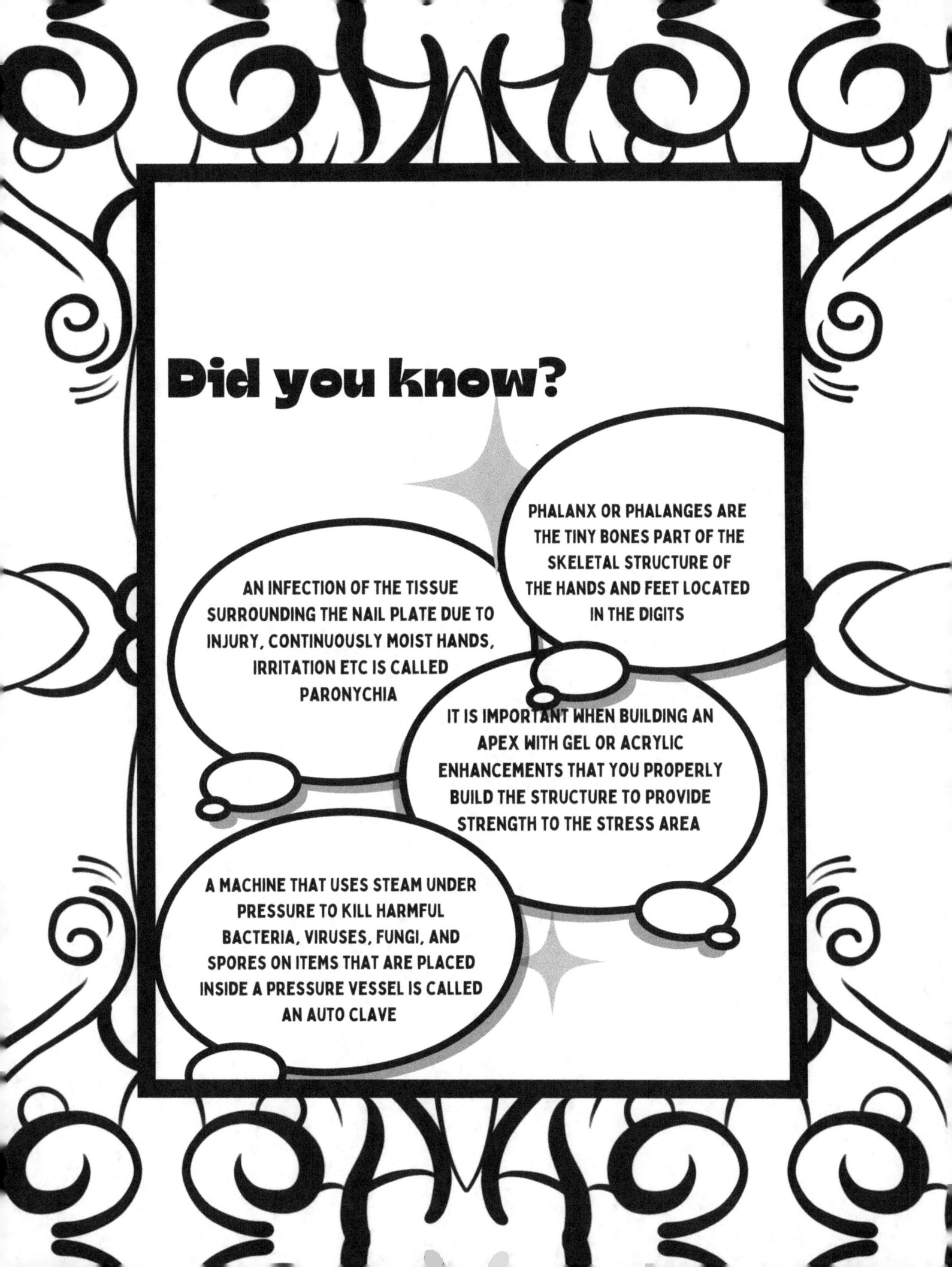

Did you know?

PHALANX OR PHALANGES ARE THE TINY BONES PART OF THE SKELETAL STRUCTURE OF THE HANDS AND FEET LOCATED IN THE DIGITS

AN INFECTION OF THE TISSUE SURROUNDING THE NAIL PLATE DUE TO INJURY, CONTINUOUSLY MOIST HANDS, IRRITATION ETC IS CALLED PARONYCHIA

IT IS IMPORTANT WHEN BUILDING AN APEX WITH GEL OR ACRYLIC ENHANCEMENTS THAT YOU PROPERLY BUILD THE STRUCTURE TO PROVIDE STRENGTH TO THE STRESS AREA

A MACHINE THAT USES STEAM UNDER PRESSURE TO KILL HARMFUL BACTERIA, VIRUSES, FUNGI, AND SPORES ON ITEMS THAT ARE PLACED INSIDE A PRESSURE VESSEL IS CALLED AN AUTO CLAVE

WORD UNSCRAMBLE

Rearrange the following letters to create the correct words. The answer key is located at the back of the book.

IRNGONW LAIN=

BDNA DAI=

UHSECDLE=

DSIE AWLL=

TCSUPLERU=

SROISCSS=

ETDOTR=

RECABALNE=

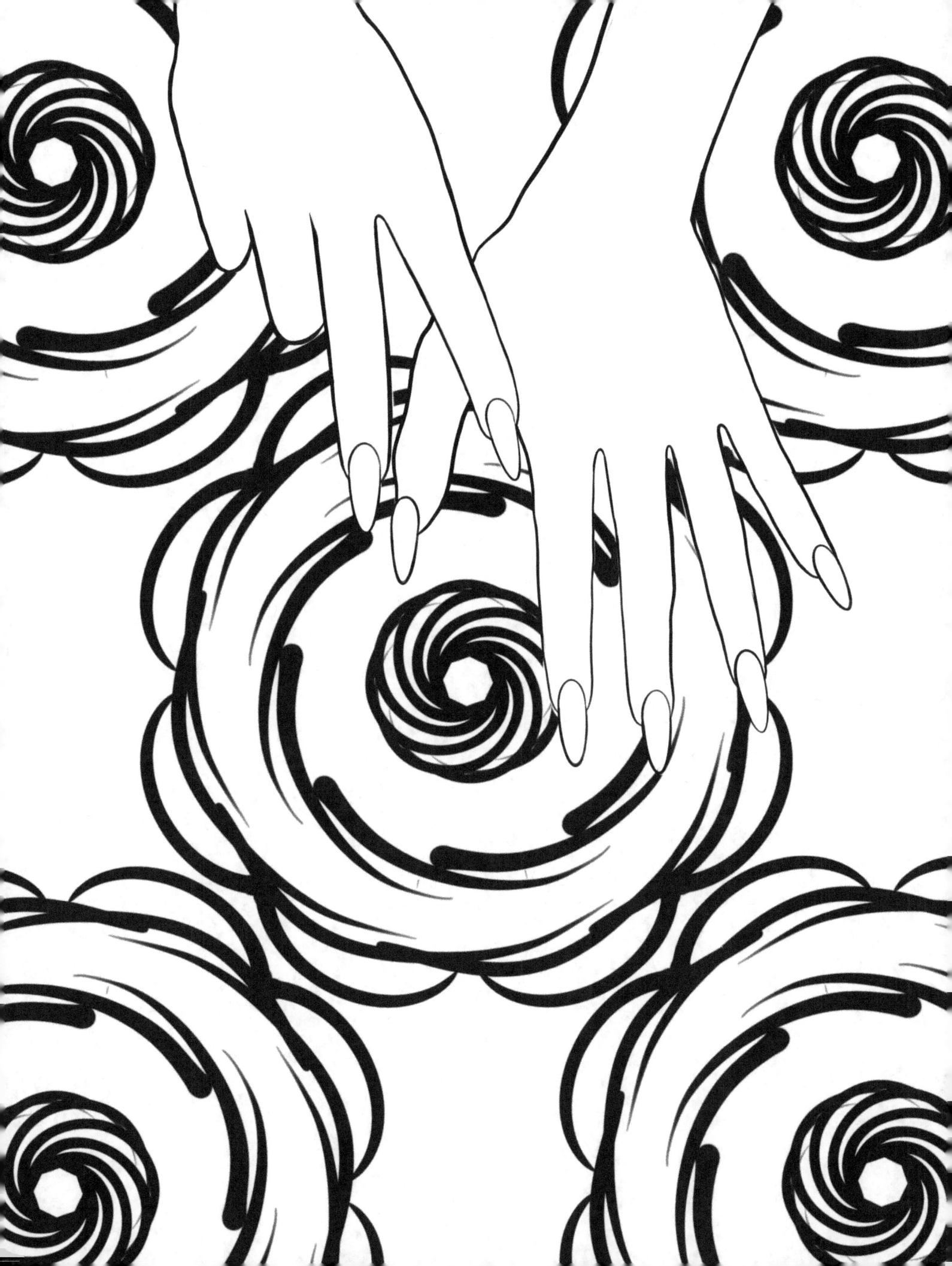

WORDS AROUND THE NAIL SALON

Words can be found, forward, backward or diagonal

SEARCH FOR THE WORDS LISTED BELOW

R	R	N	B	A	B	E	P	W	A	T	S	O	E	Y	X	W	S	E	C
D	C	U	T	I	C	L	E	P	U	S	H	E	R	U	H	M	N	Q	C
F	C	P	A	X	B	P	Y	D	L	E	N	P	H	G	M	V	O	I	G
O	J	L	B	L	A	F	N	J	E	C	O	V	N	Z	R	X	N	R	B
R	D	Q	V	G	I	L	D	S	N	C	T	L	E	E	N	W	F	J	I
E	T	W	S	L	Q	S	U	S	G	R	S	X	P	P	I	L	A	R	T
Y	U	N	A	I	L	F	I	L	T	E	E	P	O	E	A	W	C	C	G
G	F	L	Q	T	Y	A	D	I	H	C	I	Y	H	R	V	E	T	I	R
N	V	F	G	T	I	I	C	S	C	L	I	M	S	O	J	M	I	E	A
L	D	Y	J	E	W	M	X	Q	S	F	H	Q	P	X	M	U	O	C	P
A	Q	C	R	R	C	N	E	I	U	L	R	L	O	I	J	O	R	O	H
M	C	L	E	W	S	N	D	R	S	E	M	C	B	D	G	Y	R	R	R
P	E	P	F	I	I	E	L	L	X	Z	R	Y	T	E	L	L	Q	Y	O
U	Z	R	F	T	P	P	O	A	F	U	L	L	S	E	T	U	M	B	D
A	A	I	A	U	N	C	T	R	V	E	J	J	C	O	O	H	D	G	O
G	N	R	B	U	S	U	I	I	D	R	Y	E	S	N	G	I	S	E	D
E	E	E	X	O	Z	T	O	Z	V	S	Y	C	T	X	W	W	D	R	T
K	P	R	L	R	Y	T	N	N	C	E	Q	W	K	Y	E	F	I	L	E
T	I	E	S	T	G	A	L	I	O	E	L	C	I	C	P	Y	B	N	R
X	Y	B	S	T	N	I	N	G	R	O	W	N	N	A	I	L	W	F	G

LACQUER	FULL SET	INGROWN NAIL
KERATIN	PEDI SLIPPER	LOTION
CUTICLE PUSHER	LAMP	PEROXIDE
EFILE	DESIGNS	SOLE
GLITTER	LENGTH	TIMER

52

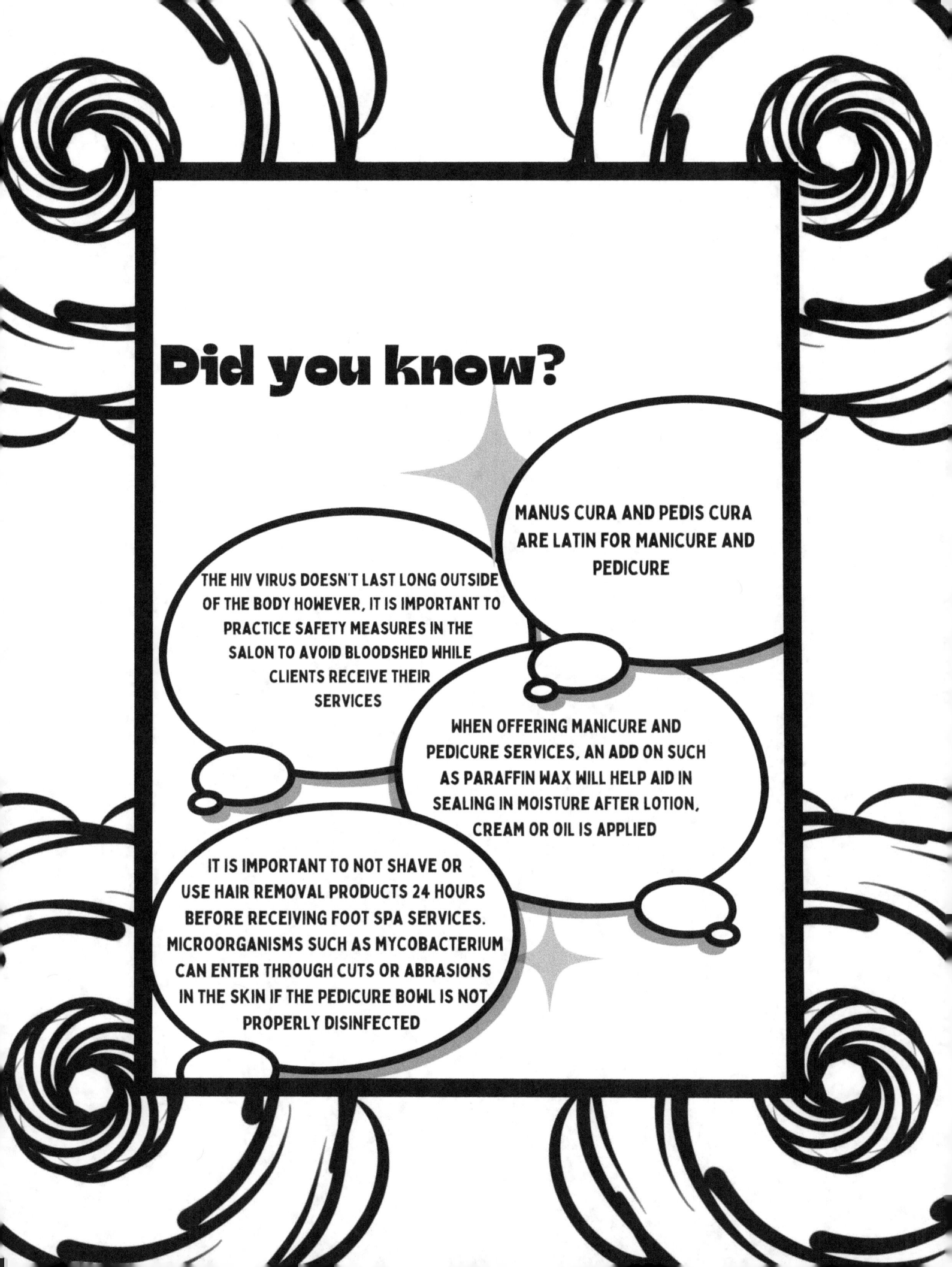

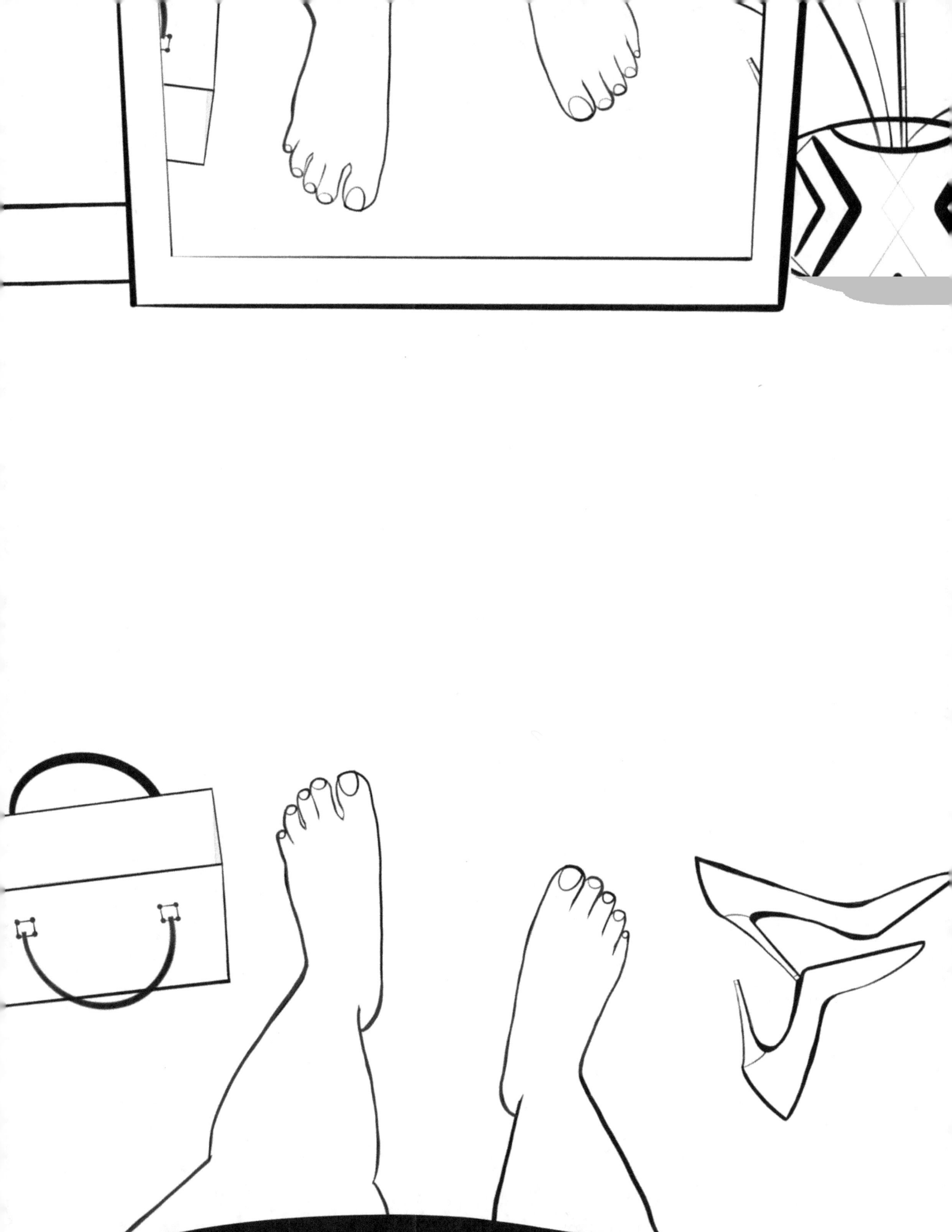

WORD UNSCRAMBLE

Rearrange the following letters to create the correct words. The answer key is located at the back of the book.

IPNK DNA HWTIE=

RSFIT IDA=

ARPAFFNI=

VENRE=

RMOBE=

LOSAN=

WOBL=

TOBTEL=

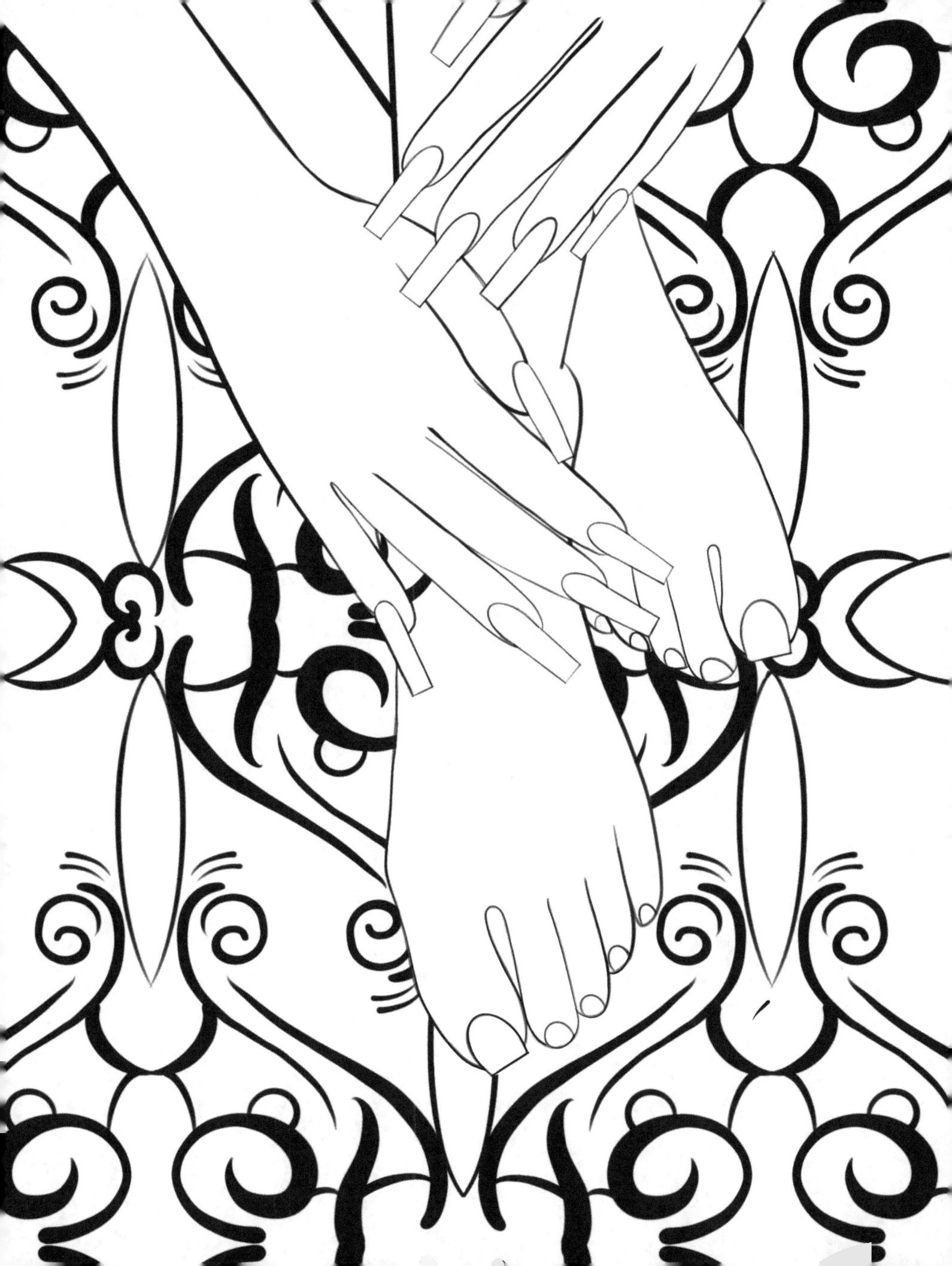

WORDS AROUND THE NAIL SALON

Words can be found, forward, backward or diagonal

SEARCH FOR THE WORDS LISTED BELOW

R	R	N	W	A	Q	E	I	O	A	E	S	O	C	Y	X	W	S	E	C
D	Y	E	J	S	V	A	A	H	G	T	E	K	U	U	H	M	N	Q	A
F	P	P	A	X	B	P	Y	D	J	E	N	P	T	G	M	V	O	I	L
O	I	L	S	O	A	K	O	F	F	C	O	V	I	Z	A	X	N	R	L
R	G	Q	V	O	I	L	D	S	V	C	T	L	C	D	N	W	F	J	U
E	M	W	S	I	Q	S	U	E	H	R	I	X	L	A	I	R	A	R	S
Y	E	N	A	I	L	F	G	L	E	C	E	M	E	A	A	W	C	C	R
G	N	L	Q	B	Y	D	D	I	N	C	N	R	N	T	V	E	T	I	E
N	T	F	G	X	I	I	O	E	C	M	E	M	I	U	J	M	I	E	M
L	D	Y	J	R	W	D	T	P	G	D	H	Q	P	H	M	U	O	C	O
A	Q	C	R	K	C	S	E	I	W	L	R	L	P	F	J	O	R	O	V
N	C	L	E	W	S	T	L	O	W	A	X	C	E	T	G	Y	H	R	E
F	I	L	L	I	N	I	P	L	X	Z	A	Y	R	D	L	S	Q	Y	R
U	Z	R	F	Q	D	C	O	A	V	H	J	T	S	I	U	U	M	B	D
A	A	I	U	U	I	C	R	R	V	E	J	J	C	R	O	H	D	Y	O
B	N	M	B	L	C	S	T	I	B	R	Y	E	B	Z	Y	N	E	A	W
Z	V	E	Y	R	Z	T	N	O	T	T	O	C	T	P	A	I	N	T	T
K	P	R	N	R	O	T	A	N	C	E	Q	W	K	Y	R	V	R	D	R
T	C	P	S	P	Z	Y	L	I	H	S	I	L	O	P	L	I	A	N	E
A	L	C	O	H	O	L	H	U	O	H	W	I	Y	O	R	P	W	F	D

ACRYLIC POWDER	CUTICLE NIPPERS	ALCOHOL
NAIL POLISH	WAX	FILL IN
PAINT	CALLUS REMOVER	STENCIL
PIGMENT	BITS	COTTON
RIDGE	BRUSH	SOAK OFF

57

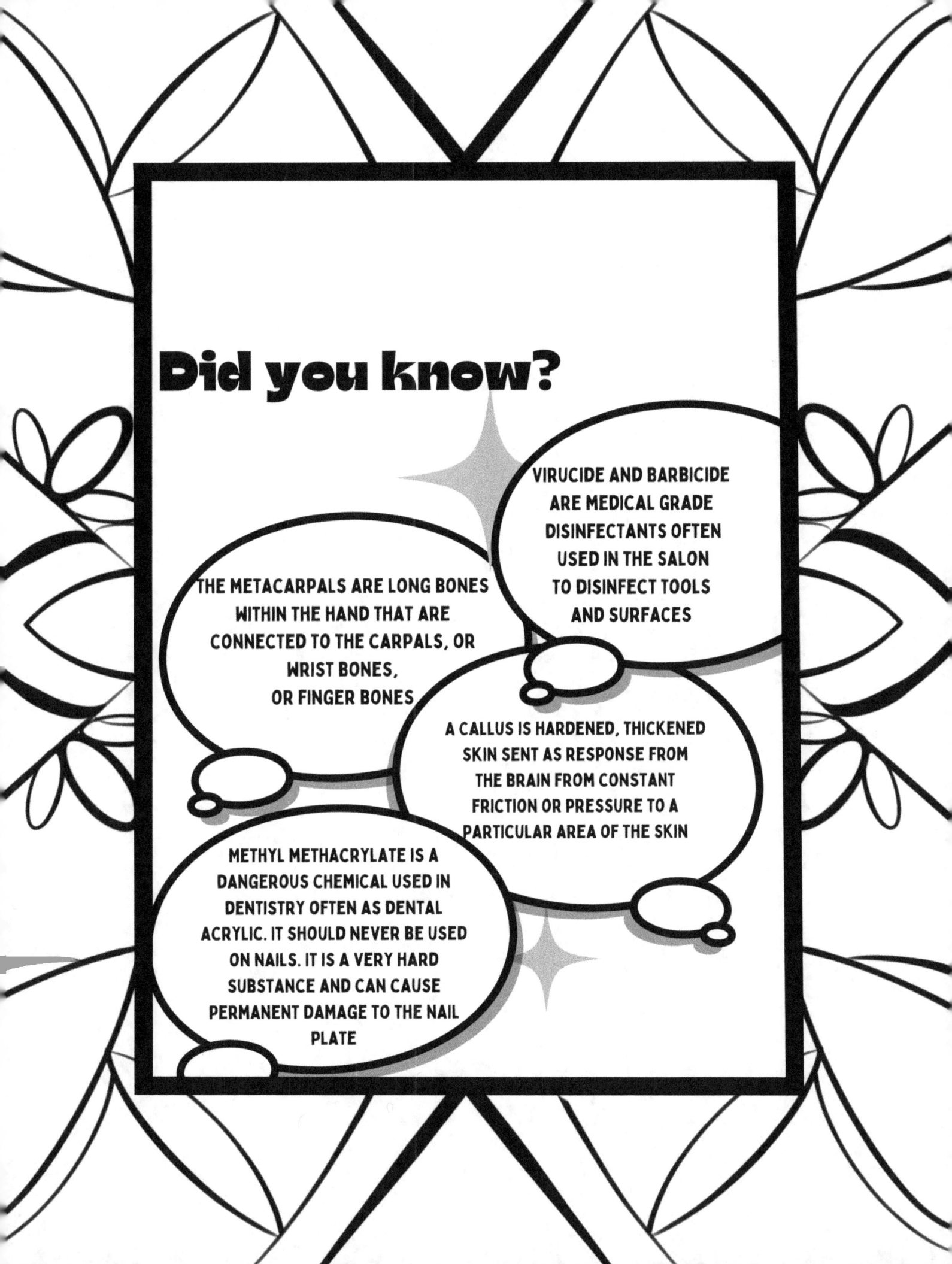

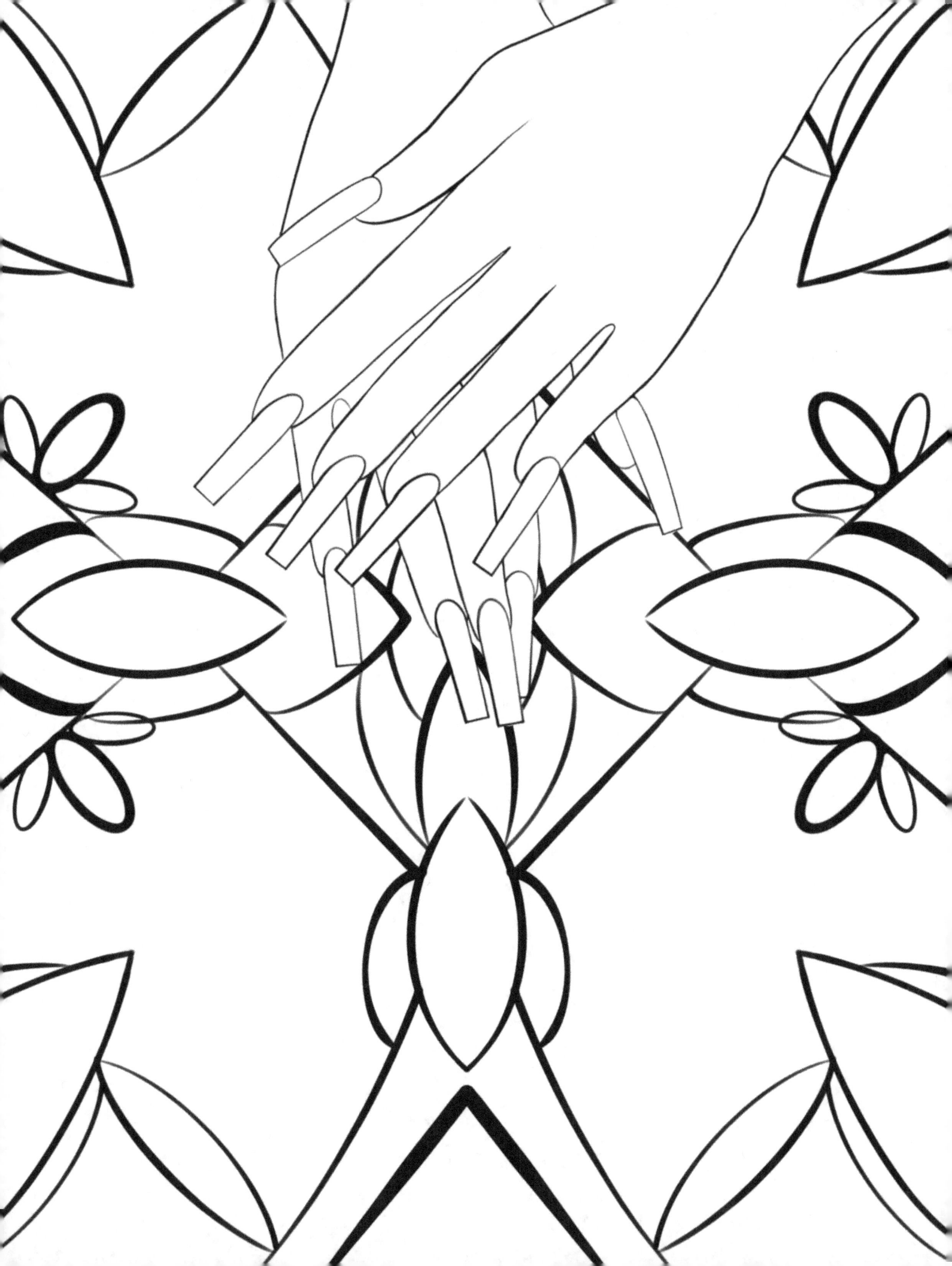

WORDS AROUND THE NAIL SALON

Words can be found, forward, backward or diagonal

SEARCH FOR THE WORDS LISTED BELOW

C	R	N	P	O	I	E	E	N	C	A	P	S	U	L	A	T	I	O	N
S	M	E	J	S	V	A	A	H	N	A	I	L	C	L	I	P	P	E	R
T	N	R	A	I	L	P	L	A	T	E	N	P	H	G	M	V	O	I	G
I	A	L	O	L	A	F	N	J	D	C	N	V	N	Z	A	X	N	R	B
L	I	Q	V	F	I	L	D	S	V	O	T	L	E	D	M	W	F	J	C
E	L	W	S	I	L	S	U	S	I	R	S	X	N	S	A	L	S	R	R
T	G	N	A	S	C	I	E	T	U	L	E	M	I	A	N	W	I	C	Y
T	L	L	Q	B	Y	T	A	I	A	D	N	S	H	T	I	E	D	I	S
O	U	F	R	X	I	T	O	N	I	M	O	M	S	U	C	M	E	E	T
N	E	Y	A	R	I	D	B	A	G	T	H	Q	P	H	U	U	W	C	A
A	R	C	D	N	C	I	D	I	P	L	R	L	O	F	R	O	A	O	L
I	A	L	A	W	T	T	W	E	E	Z	E	R	S	T	E	Y	L	R	L
L	P	S	U	I	A	I	R	L	X	Z	A	Y	T	D	L	L	L	Y	I
S	Z	R	S	B	E	M	E	R	Y	B	O	A	R	D	E	W	O	T	Z
A	A	I	U	U	O	C	R	R	V	E	T	O	W	E	L	H	D	O	A
A	N	T	I	S	E	P	T	I	C	L	A	H	P	Z	A	N	S	A	T
E	V	E	C	R	Z	T	A	Z	V	S	Y	C	T	X	T	W	T	R	I
K	P	Y	N	E	E	P	O	N	Y	C	H	I	U	M	T	V	A	D	O
E	N	O	T	E	C	A	L	I	O	E	L	C	I	T	E	C	M	N	N
O	Y	B	S	B	A	L	L	E	F	R	E	N	C	H	T	I	P	S	G

EMERY BOARD	MANICURE	TWEEZERS
NAIL GLUE	ACETONE	ANTISEPTIC
FRENCH TIPS	NAIL CLIPPER	NAIL FORM
STAMP	STILETTO NAILS	SIDE WALL
SANITATION	TOWEL	EPONYCHIUM

NAIL SALON QUIZ

Do you know about nail disorders, manicure equipment and nail anatomy? Choose the best answer for each question. The answer key is located at the back of the book.

What doctor specializes in the study and care of skin, hair and nails

a. Dentist
b. Optometrist
c. Pediatrician
d. Dermatologist

Acrylic liquid is also called

a. Monomer
b. Acetone
c. Primer
d. Alcohol

What is koilonychia

a. Warts
b. Yellowing of the natural nails
c. Spoon shaped natural nails that curve upward
d. Skin infection

Manus cura is the origin of the word _____

a. Massage
b. Nail mantle
c. Pedicure
d. Manicure

What is the epidermis

a. A callus
b. The outermost layer of the skin
c. The skin underneath the free edge
d. None of the above

61

Did you know?

A MANICURIST IS A PROFESSIONAL THAT MANICURES YOUR NAILS. THIS IS NOT LIMITED TO JUST MANICURES BUT ALL OTHER NAIL SERVICES ARE INCLUDED. THIS TERM IS GENERALLY USED TO CLASSIFY ALL NAIL TECHS

ELECTRIC FILES, COMMONLY KNOWN AS E-FILES ARE USED TO SHAPE, SMOOTH, REMOVE OLD PRODUCT AND MORE! THEY CAN REACH SPEEDS OF UP TO 35,000 ROUNDS PER MINUTE

NAIL WRAPS ARE COMMONLY MADE OF SILK, LINEN AND FIBERGLASS MATERIAL. THEY CAN BE APPLIED TO THE NATURAL NAIL AS A LAYER OF PROTECTION

THE MEDICAL TERM FOR INGROWN NAIL IS ONYCHOCRYPTOSIS. THE RESULT IS THE FREE EDGE OF NAIL CURLING AND GROWING BACK INTO THE NAIL BED. THESE KIND OF NAILS ARE USUALLY LOCATED ON THE TOENAIL

WORD UNSCRAMBLE

Rearrange the following letters to create the correct words. The answer key is located at the back of the book.

IDEP ELPPSIR=

OTEIFNCIN=

LBMLFAMEA=

STILCEN=

NUBSIESS RACD=

UILQID=

UALCQER=

FHNREC PITS=

WORDS AROUND THE NAIL SALON

Words can be found, forward, backward or diagonal

SEARCH FOR THE WORDS LISTED BELOW

R	R	P	E	D	I	C	U	R	E	C	H	A	I	R	X	W	S	E	B
D	T	E	J	S	V	A	Z	H	S	U	P	I	N	A	T	O	R	Q	E
F	N	P	A	X	B	P	Y	D	J	E	N	P	H	G	M	V	O	I	N
O	E	P	I	D	E	R	M	I	S	C	O	V	N	Z	A	X	N	R	Z
R	M	Q	V	O	I	L	D	S	V	Z	T	L	E	R	N	W	F	J	O
E	T	W	T	I	Q	S	O	S	H	R	I	C	E	U	I	T	A	R	Y
Y	N	N	I	I	L	F	I	P	Z	E	E	M	O	M	O	W	S	C	L
G	I	L	N	B	Y	A	D	I	Q	C	N	Y	U	E	V	E	T	I	P
N	O	F	E	X	Q	I	O	S	C	M	I	I	S	F	J	M	R	E	E
L	P	Y	A	R	Z	D	X	P	P	F	H	E	P	H	M	U	E	H	R
A	P	C	P	K	A	N	E	I	C	C	P	L	O	F	J	O	S	A	O
S	A	L	E	W	S	T	L	J	Y	A	M	C	B	T	G	Y	S	N	X
C	E	P	D	I	F	I	R	N	R	Z	A	Y	T	D	L	L	A	G	I
U	Z	R	I	Q	D	P	O	A	R	H	J	T	X	I	L	U	R	N	D
L	A	I	S	U	N	P	T	R	V	E	J	V	C	V	O	H	E	A	E
P	N	M	B	U	Y	O	K	I	S	H	A	N	T	I	Y	N	A	I	T
T	V	E	X	H	R	T	A	Z	V	S	Y	C	T	X	W	W	D	L	P
U	P	R	N	S	O	T	A	N	C	L	E	D	L	I	G	H	T	D	E
R	I	P	S	P	A	T	E	L	L	A	L	C	I	T	U	C	B	N	R
E	Y	B	S	T	O	R	H	U	L	E	U	K	O	N	Y	C	H	I	A

LEUKONYCHIA	APPOINTMENT	TINEA PEDIS
HYPONYCHIUM	BENZOYL PEROXIDE	HANG NAIL
TOE SEPARATORS	EPIDERMIS	SUPINATOR
PEDICURE CHAIR	SCULPTURE	PATELLA
LED LIGHT	FEMUR	STRESS AREA

65

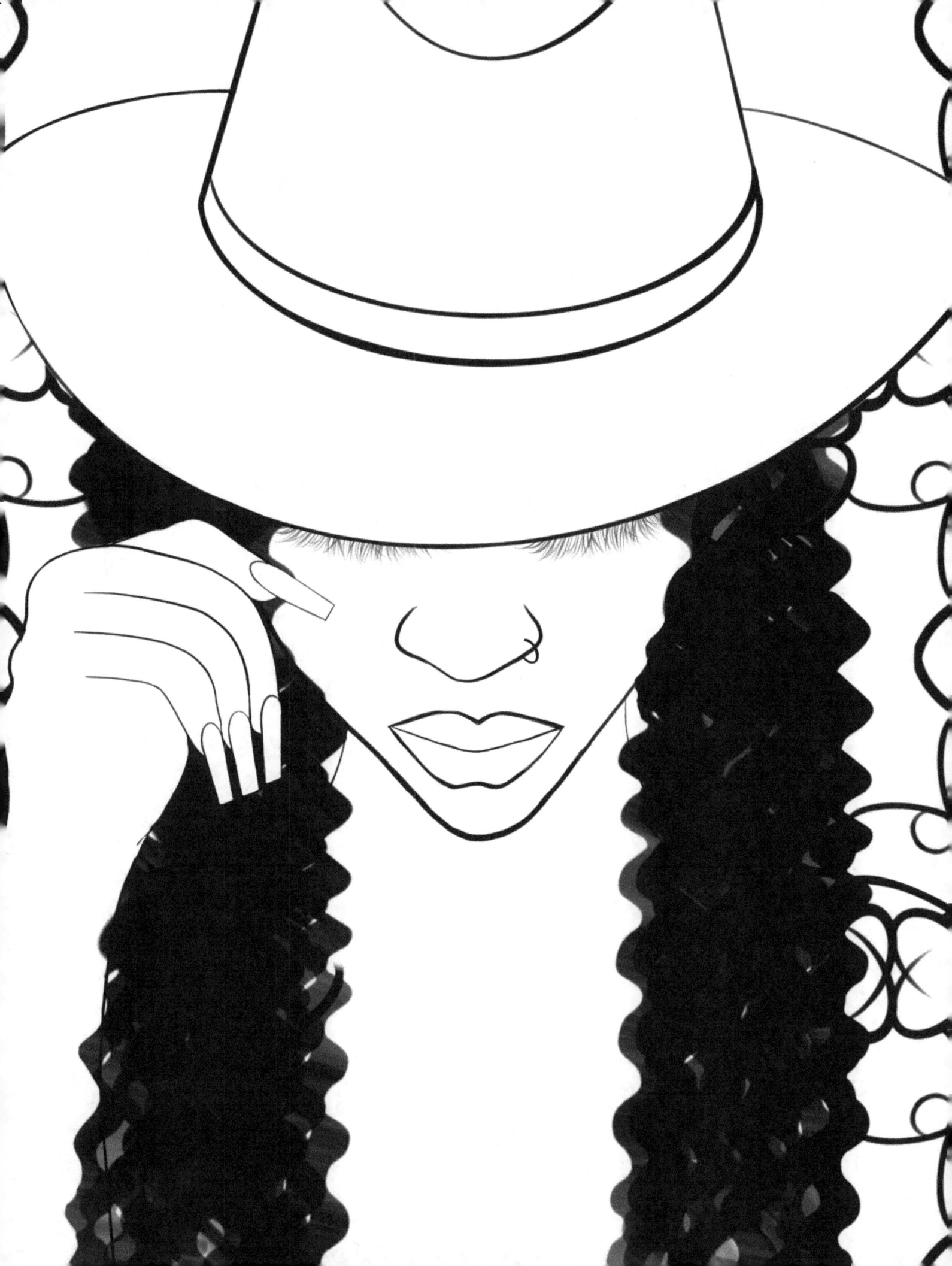

NAIL SALON QUIZ

Do you know about nail disorders, manicure equipment and nail anatomy? Choose the best answer for each question. The answer key is located at the back of the book.

Pedis cura is the origin of the word _____

a. Paraffin
b. Pedicure
c. Polymer
d. Pronator muscle

What is paronychia

a. Hangnails
b. An infection around the nail
c. Pitting of the nails
d. Athletes foot

An overlay is done over the natural nails with gel or acrylic without any added tip

a. True
b. False

What does HIV stand for

a. Human indigestion valve
b. Human infection vaccine
c. Human immunodeficiency virus
d. None of the above

Gel nails can only be cured by LED lights or UV lights

a. True
b. False

Did you know?

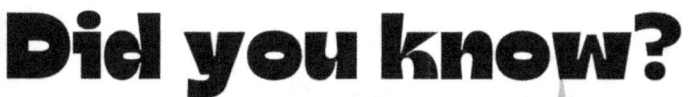

THE PATELLA, ALSO KNOWN AS THE KNEECAP, IS A FLAT, ROUNDED TRIANGULAR BONE WHICH FORMS A JOINT WITH THE FEMUR (THIGH BONE) AND COVERS AND PROTECTS THE SURFACE OF THE KNEE JOINT

THE SUPINATOR MUSCLE IS LOCATED IN THE POSTERIOR COMPARTMENT OF THE FOREARM. AS ITS NAME SUGGESTS, IT IS THE PRIME SUPINATOR OF THE FOREARM

ON MOST E-FILES, THERE IS A FORWARD AND REVERSE OPTION. THIS IS HELPFUL FOR THE HAND CONTROL OF THE NAIL TECH WHEN USING THE EFILE. LEFT HANDED NAIL TECHS TYPICALLY PREFER THE REVERSE OPTION. RIGHT HANDED NAIL TECHS TYPICALLY PREFER THE FORWARD OPTION

SOME NAIL CONDITIONS AREN'T FOR MANICURISTS. IF THE MANICURISTS FINDS THAT THE CLIENT CAN'T BE SERVICED DUE TO PAIN, DISCOMFORT, INFECTION, LESIONS, SKIN TEARS TO THE CLIENT ETC, THEN THE MANICURISTS SHOULD ADVISE THE CLIENT TO SEE A LICENSED PHYSICIAN AND REFUSE SERVICE

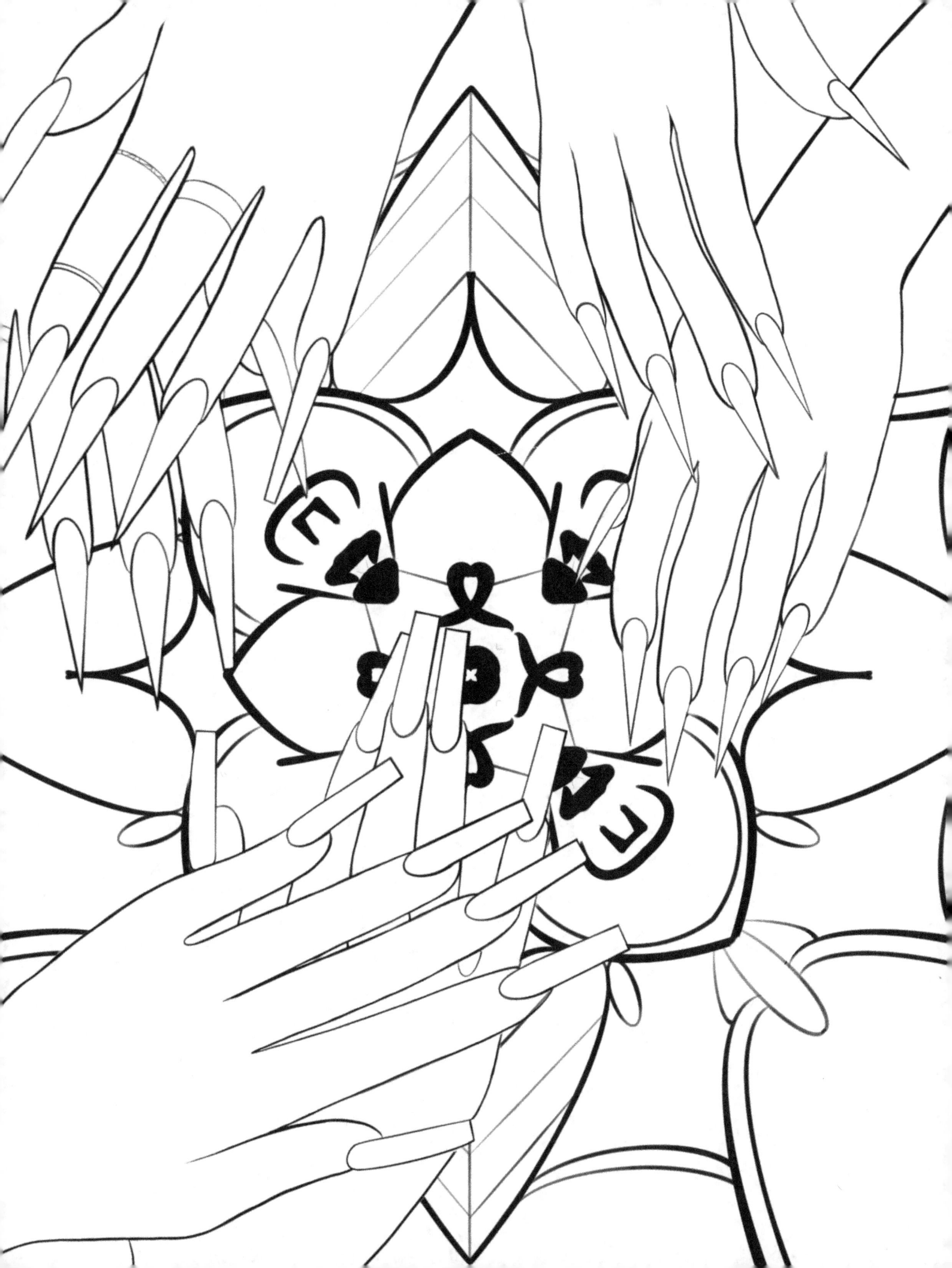

Did you know?

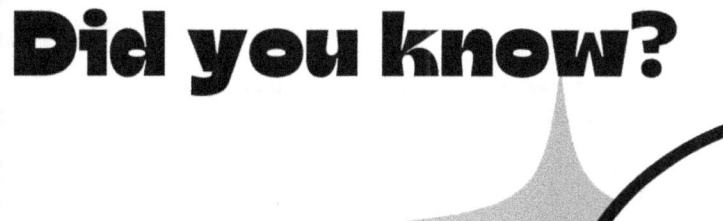

THE CARPAL BONES ARE THE EIGHT SMALL BONES THAT MAKE UP THE WRIST (OR CARPUS) THAT CONNECTS THE HAND TO THE FOREARM

TARSALS ARE A SET OF SEVEN IRREGULARLY SHAPED BONES. THEY ARE LOCATED PROXIMALLY IN THE FOOT IN THE ANKLE AREA

FINGERNAILS AND TOENAILS HARBOR A LOT OF BACTERIA FROM DAILY FUNCTIONS. IT IS IMPORTANT TO CLEAN UNDER NAILS DAILY WITH ALCOHOL OR ANTIBACTERIAL SOAP

THE SKIN PROXIMAL TO THE NAIL THAT COVERS THE NAIL FOLD IS CALLED THE EPONYCHIUM. THIS IS LOCATED JUST BELOW THE CUTICLE AREA. THE TWO SHOULD NOT BE CONFUSED

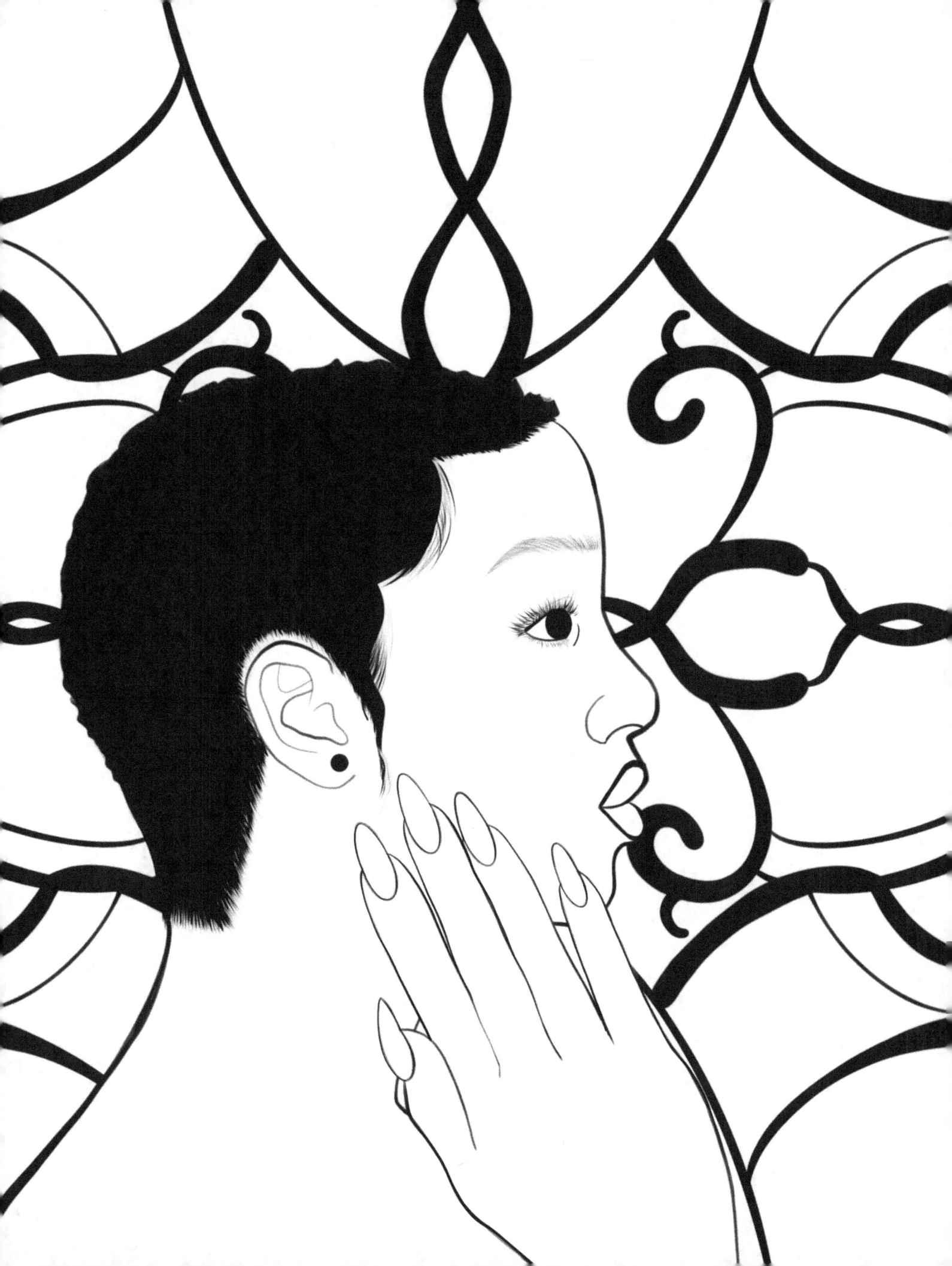

WORD UNSCRAMBLE

Rearrange the following letters to create the correct words. The answer key is located at the back of the book.

RGIT=

FFEUBR=

LLUF EST=

DEL GILTH=

FBICAR PRAW=

IRCAYLC=

UQICK RYD=

ACLLUS=

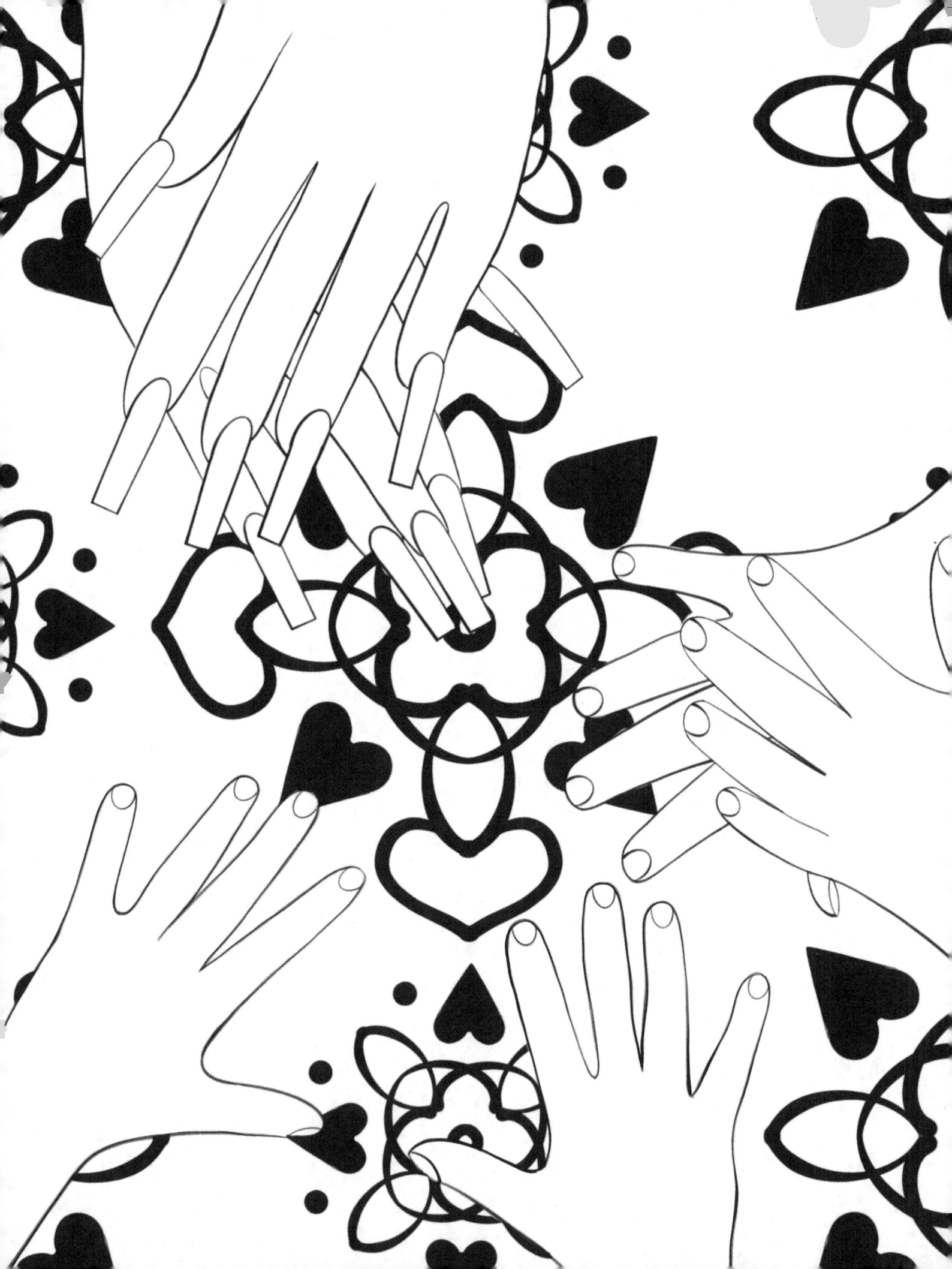

NAIL SALON QUIZ

Do you know about nail disorders, manicure equipment and nail anatomy? Choose the best answer for each question. The answer key is located at the back of the book.

What is the technical term for split or brittle nails

a. Lamellar dystrophy
b. Onychoschizia
c. Onychoschisis
d. All of the above

What is nail primer used for

a. Liquid used to soak off nails
b. Tool for nail art
c. To bond acrylics and gels for better adhesion
d. To glue tips to natural nails

Horizontal lines on a nail plate are called

a. Pterygium
b. Lunula
c. Brittle nails
d. Beau's lines

Fungal infection of the nail plate is called

a. Onychomycosis
b. Melanoma
c. Beau's lines
d. Paronychia

What is the dish called that is used to hold monomer liquid and polymer powder

a. Dappen dish
b. Serving dish
c. Soap dish
d. Pastry dish

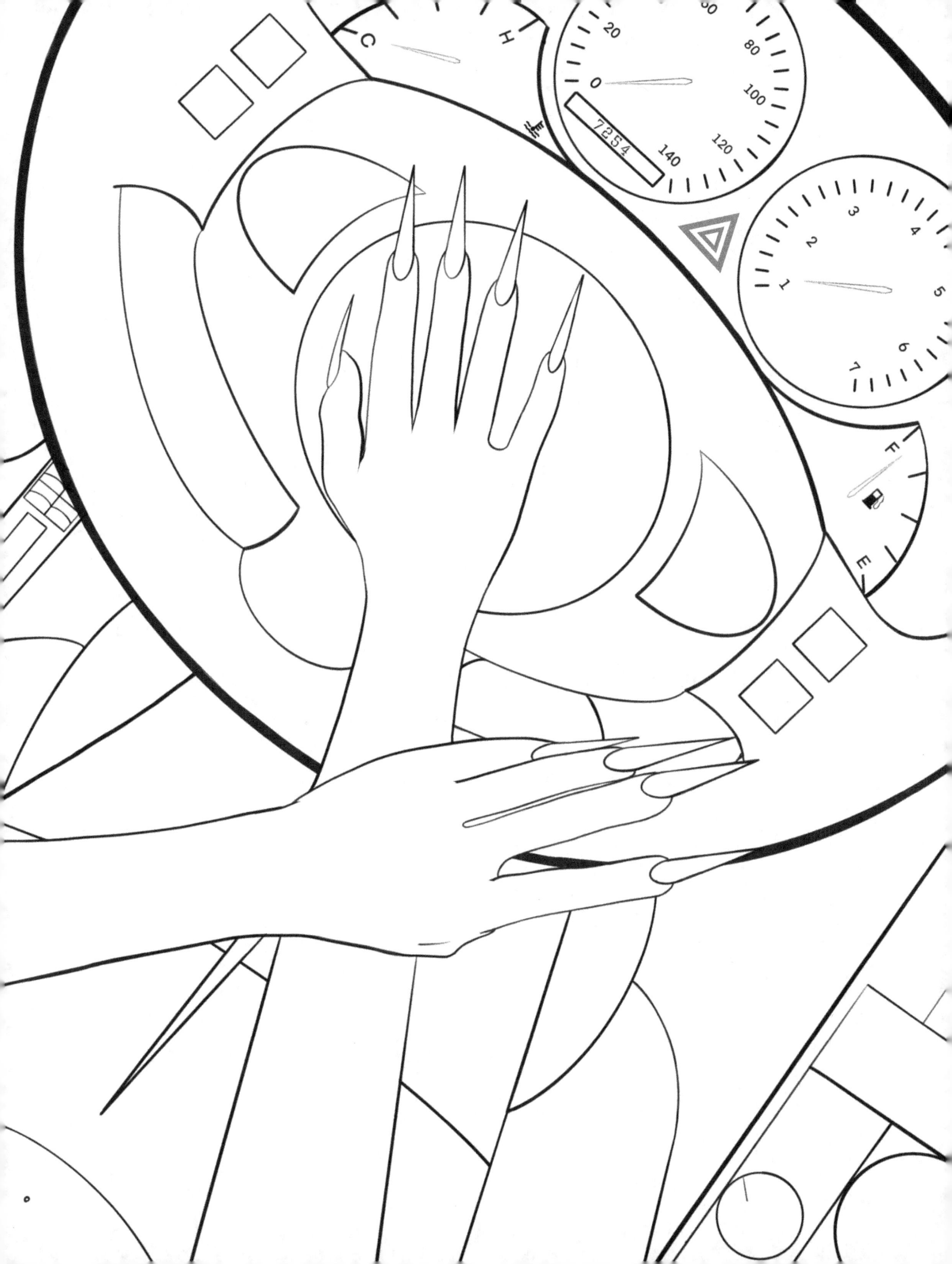

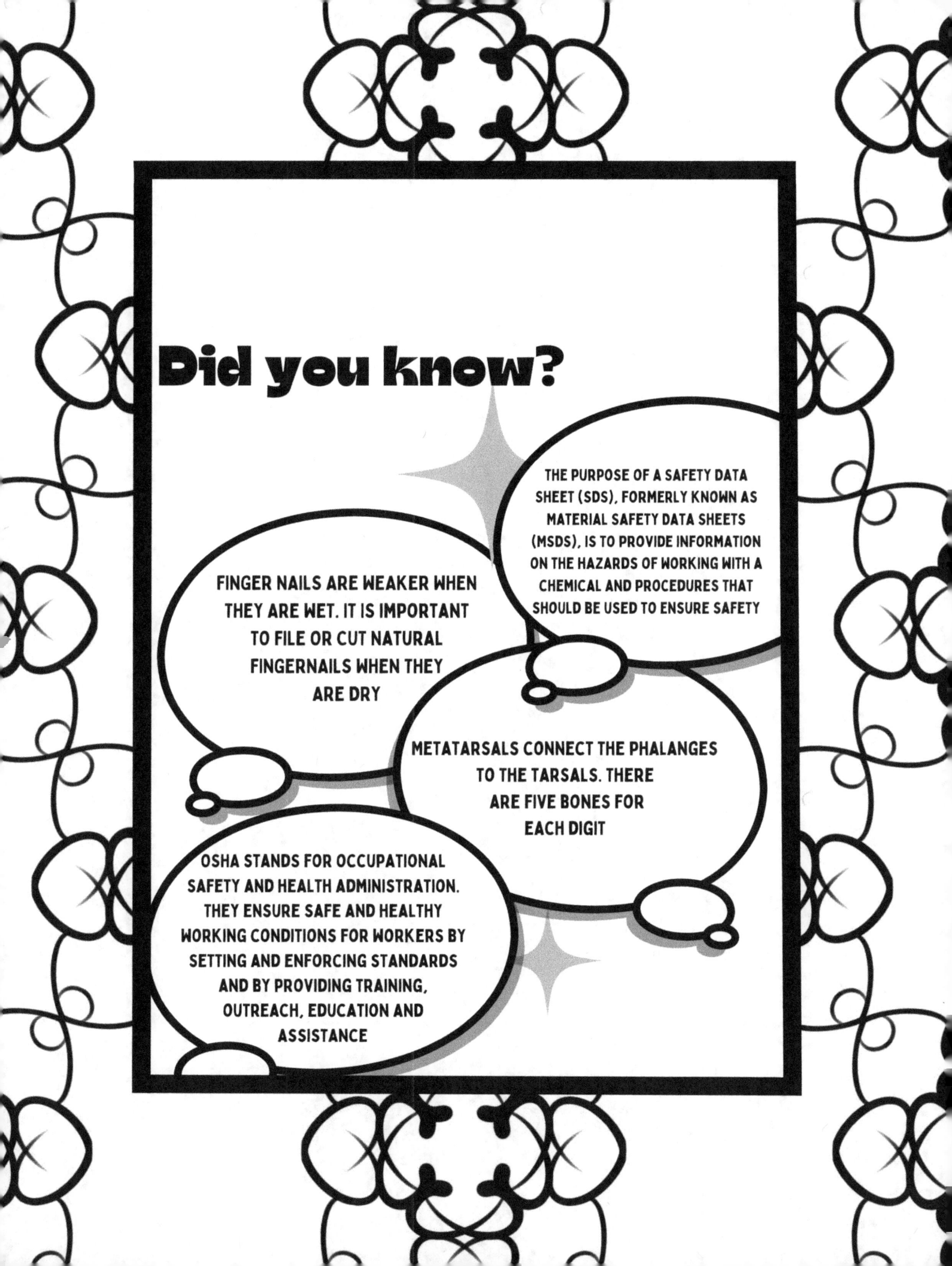

Did you know?

THE PURPOSE OF A SAFETY DATA SHEET (SDS), FORMERLY KNOWN AS MATERIAL SAFETY DATA SHEETS (MSDS), IS TO PROVIDE INFORMATION ON THE HAZARDS OF WORKING WITH A CHEMICAL AND PROCEDURES THAT SHOULD BE USED TO ENSURE SAFETY

FINGER NAILS ARE WEAKER WHEN THEY ARE WET. IT IS IMPORTANT TO FILE OR CUT NATURAL FINGERNAILS WHEN THEY ARE DRY

METATARSALS CONNECT THE PHALANGES TO THE TARSALS. THERE ARE FIVE BONES FOR EACH DIGIT

OSHA STANDS FOR OCCUPATIONAL SAFETY AND HEALTH ADMINISTRATION. THEY ENSURE SAFE AND HEALTHY WORKING CONDITIONS FOR WORKERS BY SETTING AND ENFORCING STANDARDS AND BY PROVIDING TRAINING, OUTREACH, EDUCATION AND ASSISTANCE

NAIL SALON QUIZ

Do you know about nail disorders, manicure equipment and nail anatomy? Choose the best answer for each question. The answer key is located at the back of the book.

MMA is a dangerous chemical found in some acrylic monomers that is hard to remove. What does it stand for

a. Methyl methacrylate
b. Manufacturers material assessment
c. Monomer molecule arrangement
d. None of the above

Cleopatra and Nefertiti wore "nail polish". What "stain" was used on their nails

a. Lacquer
b. Henna
c. Mud
d. Shellac

Anti-septic is used for what

a. Base coat
b. Fungus treatment
c. Nail primer
d. Cleansing minor cuts and scapes to remove bacteria

_____ wax is a heated wax that can be added to a manicure or pedicure service that helps relieve dry skin, minor aches and pains and also helps with circulation

a. Paraffin
b. Bees
c. Honey
d. Sugar

Nails are an organ

a. True
b. False

WORDS AROUND THE NAIL SALON

Words can be found, forward, backward or diagonal

SEARCH FOR THE WORDS LISTED BELOW

R	R	N	B	A	S	E	C	O	A	T	S	O	R	Y	X	W	S	E	C
O	N	Y	C	H	O	L	Y	S	I	S	E	K	B	U	H	M	N	Q	U
F	C	P	A	X	B	P	Y	T	J	E	N	P	H	G	M	V	O	I	T
O	J	L	B	L	A	F	N	J	D	C	O	V	N	Z	A	X	N	R	I
R	D	Q	V	O	I	E	D	S	V	C	T	L	E	D	N	W	F	J	C
E	T	W	S	I	M	S	U	S	H	Q	U	I	C	K	D	R	Y	R	L
Y	U	N	A	T	L	F	I	L	E	L	E	M	O	A	A	W	C	C	E
G	F	L	A	B	Y	I	D	I	D	E	N	Y	H	T	V	E	T	I	S
N	V	E	G	X	I	B	O	S	C	M	I	M	S	U	J	M	I	E	O
L	R	Y	J	R	W	U	X	P	D	A	H	Q	P	H	M	U	O	C	F
T	Q	C	R	K	C	L	E	I	E	N	R	L	O	F	J	O	R	O	T
N	C	L	E	W	S	A	L	J	C	E	M	C	B	T	G	Y	R	R	E
X	E	P	F	I	F	I	R	L	A	Z	A	Y	T	D	L	L	Q	Y	N
E	Z	R	F	Q	D	P	O	A	L	B	A	R	B	I	C	I	D	E	E
P	A	I	U	U	N	C	R	R	V	E	J	J	C	O	O	H	D	O	R
A	N	M	B	U	L	N	A	I	D	R	Y	E	R	Z	Y	N	E	A	T
E	V	E	X	R	Z	T	A	Z	V	S	Y	C	T	X	W	W	D	R	T
K	P	R	N	R	O	F	L	E	X	O	R	W	K	Y	R	V	R	D	E
M	A	T	R	I	X	E	L	I	O	E	L	C	T	H	G	I	L	V	U
A	C	Y	L	I	C	N	I	P	P	E	R	S	N	O	R	P	R	E	P

ACRYLIC NIPPERS	PREP	ONYCHOLYSIS
CUTICLE SOFTENER	ENAMEL	APEX
BARBICIDE	MATRIX	QUICK DRY
DECAL	TREATMENT	FLEXOR
UV LIGHT	ULNA	FIBULA

78

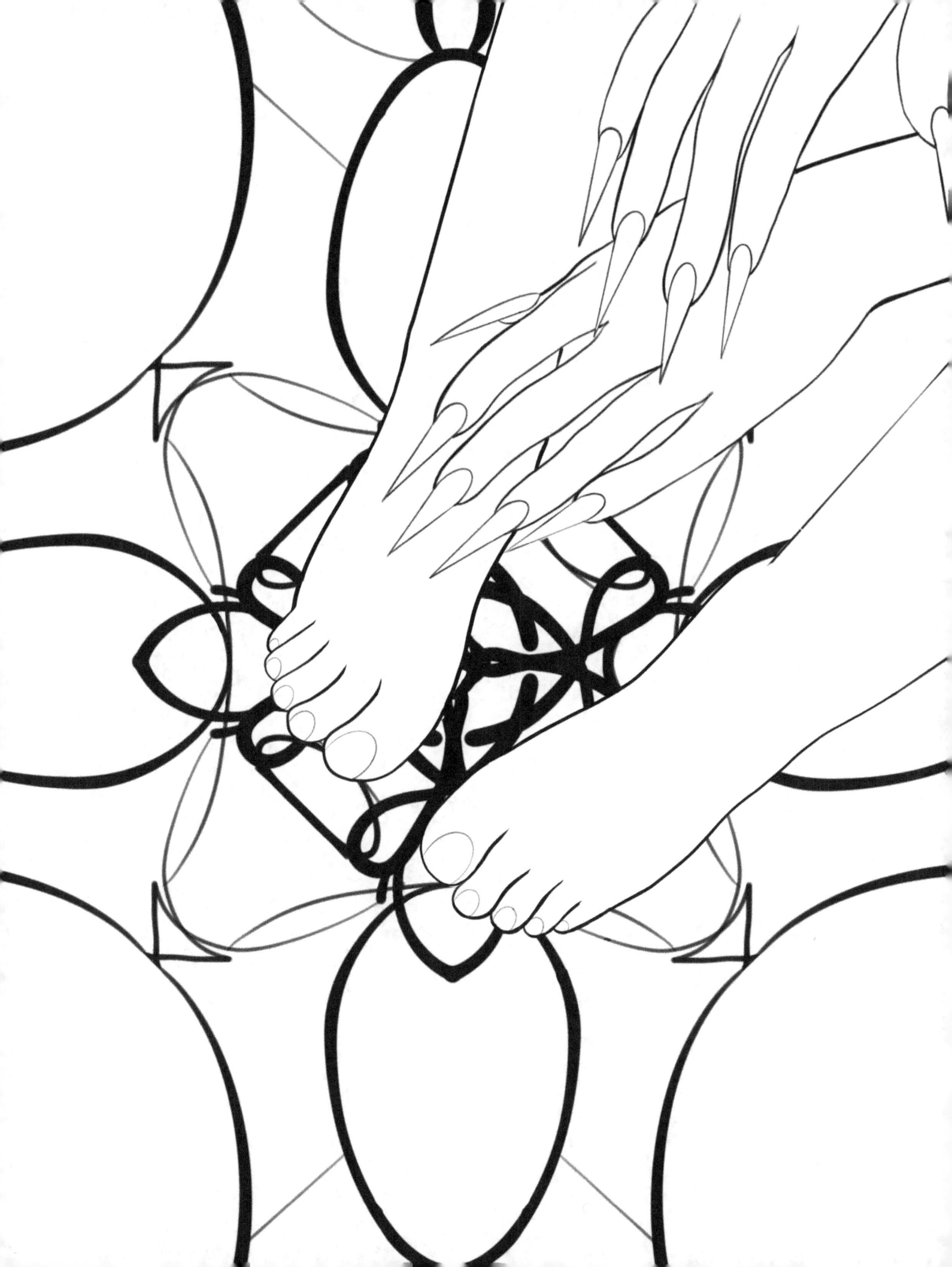

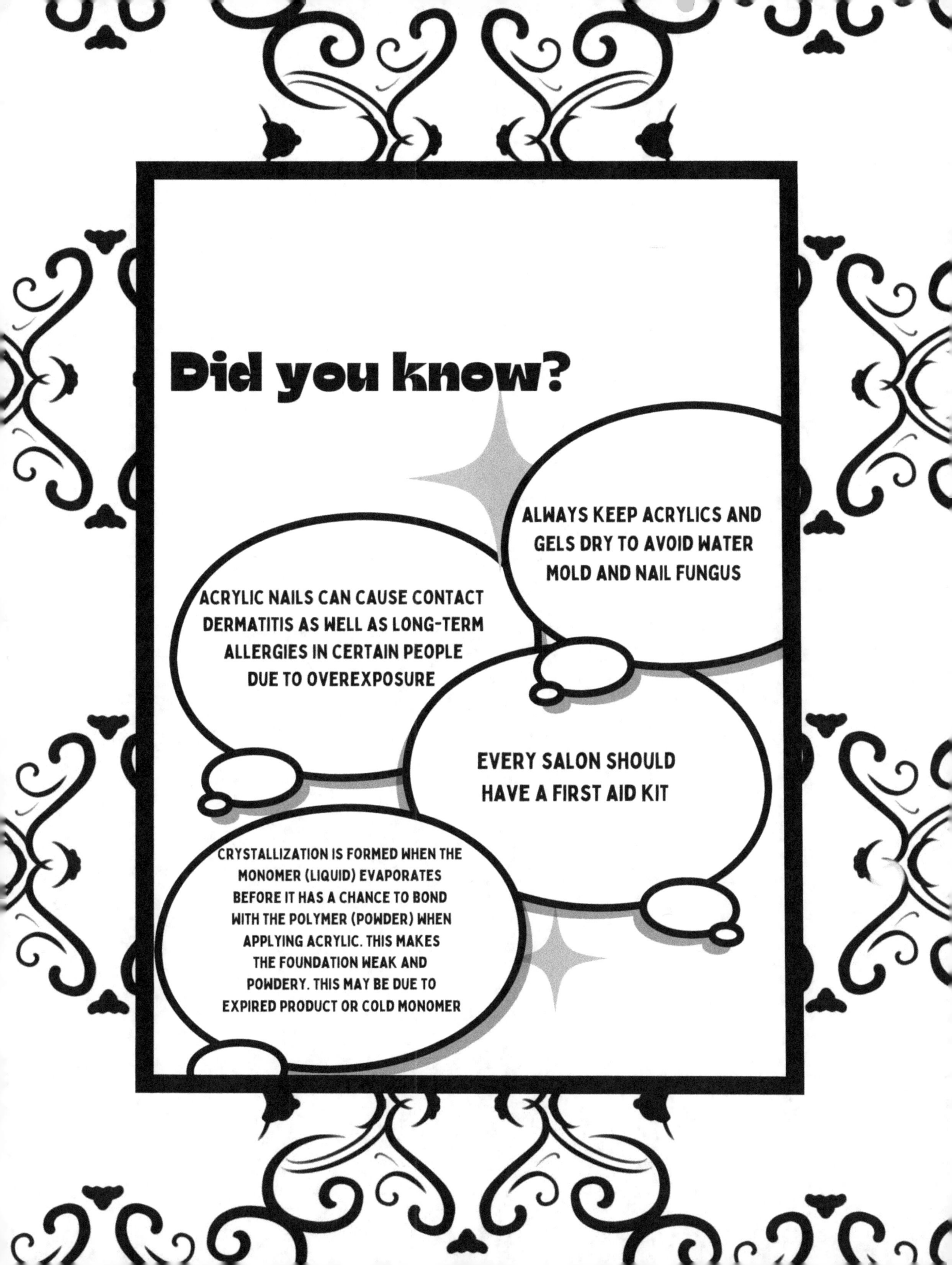

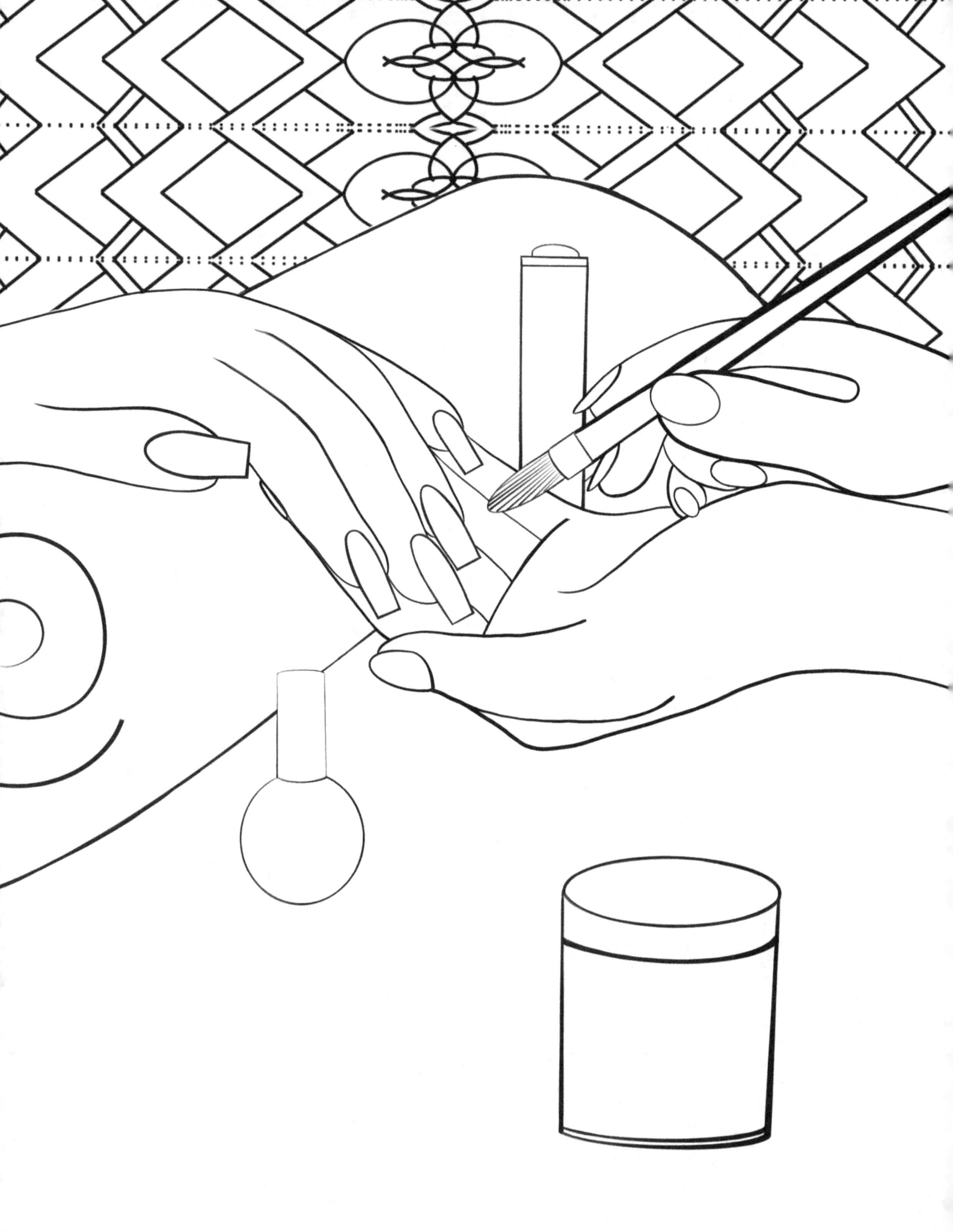

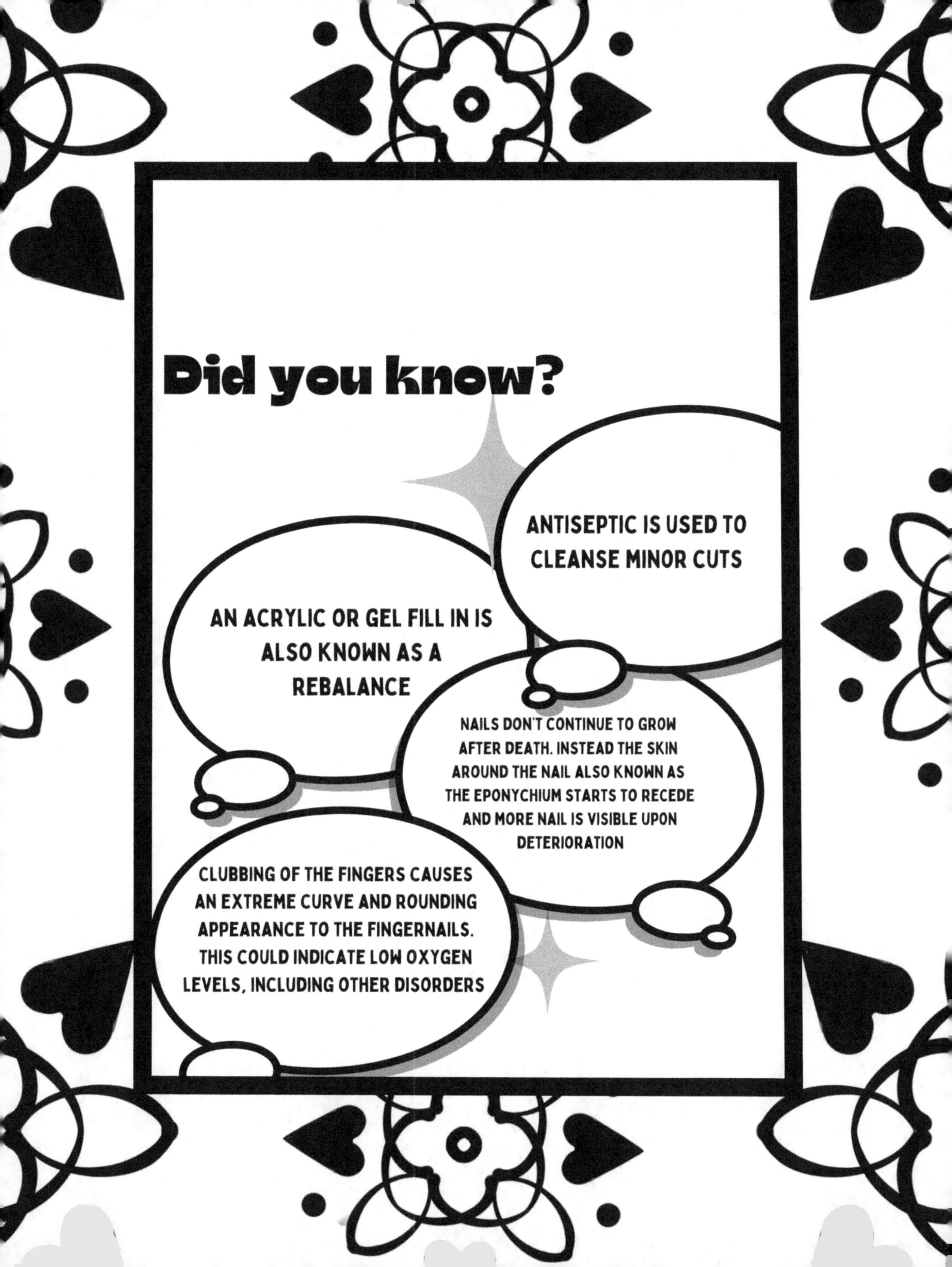

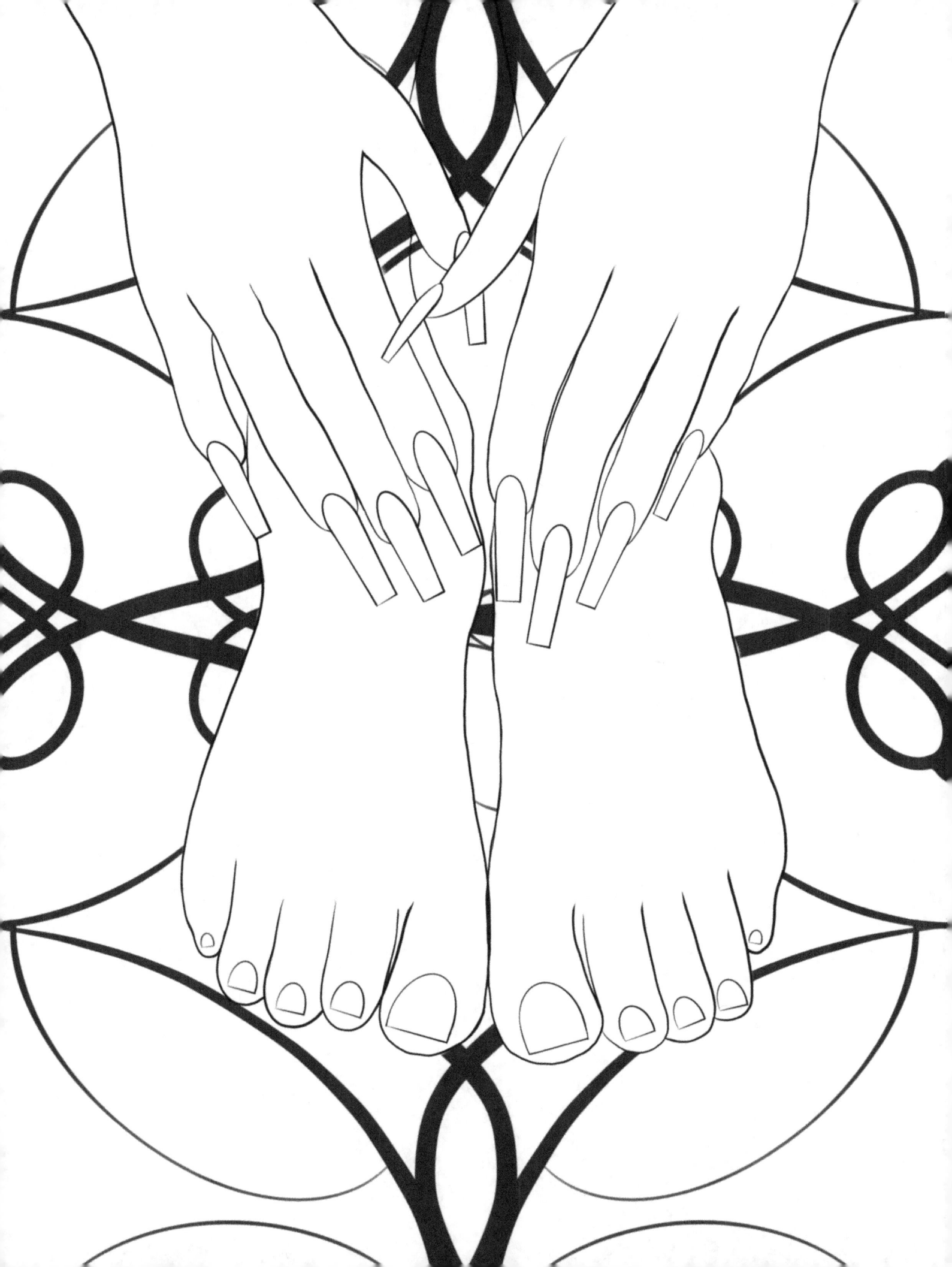

Answer Key

pg.2

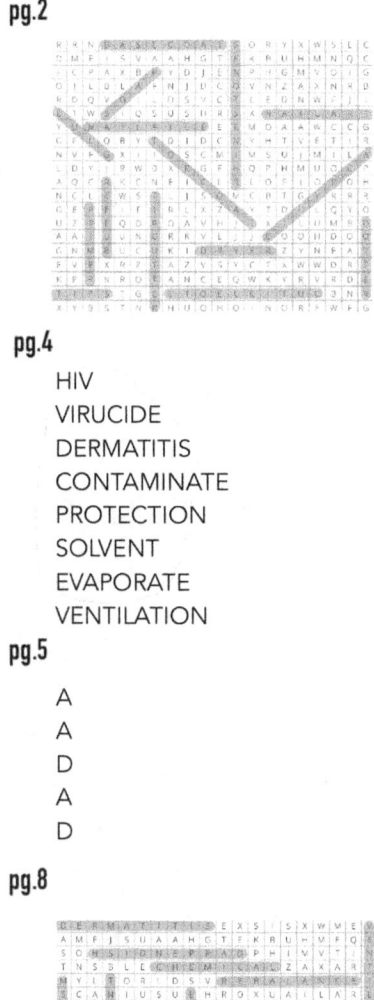

pg.4

HIV
VIRUCIDE
DERMATITIS
CONTAMINATE
PROTECTION
SOLVENT
EVAPORATE
VENTILATION

pg.5

A
A
D
A
D

pg.8

Answer Key

pg.10

ENAMEL
NAIL FORM
DESIGNS
SPA
LAMP
MATTE
RADIS
APEX

pg.13

D
A
D
A
B

pg.15

EFILE
BRUSH
GLITTER
DECAL
TOWEL
PREP
TWEEZERS
FREE EDGE

pg.17

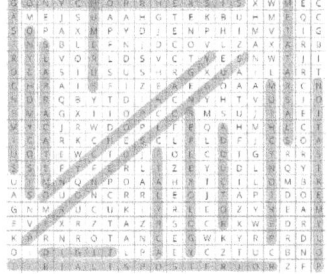

Answer Key

pg.20

B
B
C
A
D

pg. 21

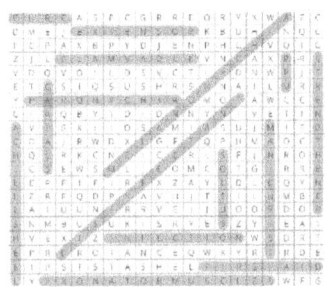

pg. 24

DRYER
FIBULA
SOLE
TIMER
PRIMER
TOP COAT
SOAP
CUTICLE OIL

pg. 26

C
B
A
C
A

Answer Key

pg. 28

MANICURE
MASSAGE
GLUE
WOOD STICK
NAIL CLIPPER
OVERLAY
DIGIT
ART

pg. 30

pg. 34

B
C
A
D
B

pg. 35

MATRIX
POLY GEL
ULNA
PEROXIDE
FLEXOR
WAX MACHINE
RESIN
CURE

Answer Key

pg. 40

AUTO CLAVE
ERGONOMIC
BLOOD
LABEL
CHEMICAL
MONOMER
DAPPEN DISH
IMPLEMENT

pg. 42

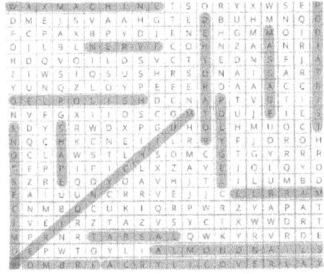

pg. 43

C
A
A
D
C

pg. 45

PEDICURE
GEL POLISH
NAIL ART
FUNGUS
ALCOHOL
COTTON
COLOR
GEL

Answer Key

pg. 48

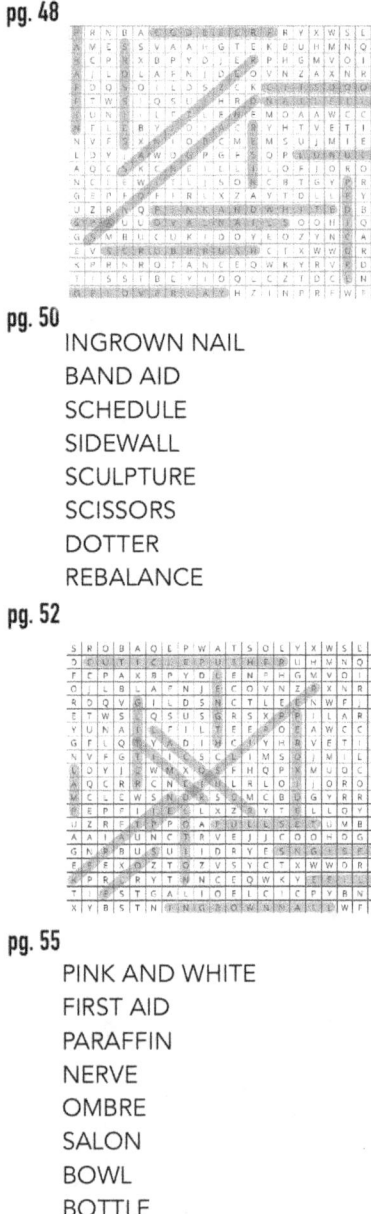

pg. 50

INGROWN NAIL
BAND AID
SCHEDULE
SIDEWALL
SCULPTURE
SCISSORS
DOTTER
REBALANCE

pg. 52

pg. 55

PINK AND WHITE
FIRST AID
PARAFFIN
NERVE
OMBRE
SALON
BOWL
BOTTLE

Answer Key

pg. 57

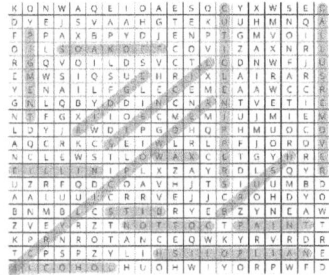

pg. 60

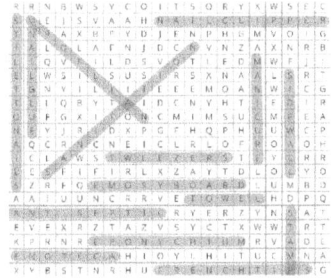

pg. 61

D
A
C
D
B

pg. 64

PEDI SLIPPERS
INFECTION
FLAMMABLE
STENCIL
BUSINESS CARD
LIQUID
LACQUER
FRENCH TIPS

Answer Key

pg. 65

pg. 67

B
B
A
C
A

pg. 72

GRIT
BUFFER
FULL SET
LED LIGHT
FABRIC WRAP
ACRYLIC
QUICK DRY
CALLUS

pg. 74

D
C
D
A
A

Answer Key

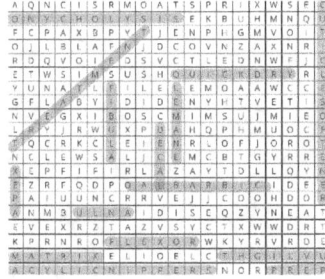